||||| ||| |||| ||| || ||| ||| |||| |||
KB179541

8문장으로 끝내는 유럽여행 영어회화

Mike Hwang

Miklish*
.COM

평생을 꿈꿔온 유럽여행

한 달에 10만원씩 모으기를 5년. 드디어 영국으로 떠납니다. 첫째날 아침 출퇴근 시간에 지하철을 타고 호텔로 이동합니다. 지하철은 인산인해. 착해 보이는 외국인에게 길을 물어봅니다. "Bakerloo로 갈아타려면 어디로 가야 하나요?" 갈아타다가 영어로 뭐지? 더듬더듬 엉터리로 말하는 사이에 외국인에게는 미안해지고, 외국인의 대답은 무슨 말인지 이해가 안됩니다. 그 때 열리는 지하철 문 사이로 사람들이 쏟아져 나옵니다. 외국인을 빨리 보내주고 싶지만, 상황이 급한지라, 질문을 이상하게 했나 싶어서 여행회화 책을 펴보지만 아무리 찾아도 없습니다. 이번엔 사전을 꺼내서 손가락으로 짚으며 보여줍니다. 10분 넘게 걸려서 물어보고, 외국인의 말 중에 몇몇 단어를 단서 삼아 길을 찾아갑니다.

이렇게 여행할 수 있을까요?

가이드 없이 배낭여행을 하려면 '감사합니다.', '얼마에요?', '어디로 가야 합니까?' 정도는 필수 표현으로 알고 계셔야 합니다. 여행 회화책이나 사전을 찾아야 할 만큼 어려운 문장은 일찍 포기하는 편이 낫습니다. 정황상 바빠서 여행영어책이나 사전을 매번 보면서 말할 수는 없습니다. 준비해온 문장으로 물어봐도 모르는 문장으로 대답해서 쓸모가 없을 때도 많습니다. 그래서 여행에서 가장 많이 활용할 수 있는 패턴 8개를 뽑았습니다. 이 8개의 패턴을 가지고 단어만 바꾸면 혼자서 배낭여행이 가능합니다. 물론 외국인이 대답한 말을 완벽히 이해하기는 쉽지 않습니다.

머리말

무료강의를 듣기 어려우시면
여기↓에 이메일 주소를 남겨주세요.
goo.gl/rit9oq

It
belongs
to

Name

Phone

E-mail

Address

Passport No.

Ticket No.

Flight No. / Time

Ticket No.

Flight No. / Time

Ticket No.

이 패턴보다 더 공부하고 싶으신 분은 <8시간에 끝내는 기초영어 미드천사>를 보시고, <6시간에 끝내는 생활영어 회화천사>을 보시면 됩니다.

다시 본론으로 가서 'Bakerloo로 갈아타려면 어디로 가야 하나요?"는 'Where should I go to transfer to the Bakerloo Line?'입니다. 하지만 이렇게 물어볼 필요 없이 'Where is the Bakerloo Line?'이라고 물어보면 됩니다. 또는, 자신이 가고 싶은 최종 종착역을 말해도 알아서 설명해줍니다. 아니면, 지하철 지도를 보여주면서 손가락으로 가리켜도 됩니다. 이렇게 어려운 문장을 최대한 쉽게 바꿔서 실제 여행에서 써먹을 수 있도록 만들었습니다. 예를 들어 Can I, Should I, May I는 모두 Can I로만 썼습니다.

유럽 여행 이야기를 읽으면서 10번~30번 등장하는 파란색 문장을 영작하시면 자연스럽게 8개의 패턴이 익혀집니다. 무료강의(goo.gl/9nwhuj)도 담았습니다. 더 공부하시고 싶으신 분을 위해 9개의 응용패턴을 넣었습니다. 또한 이 한권으로 유럽을 여행할 수 있도록 여권 발급(8p.), 준비물(p.14), 지도(p.38), 길찾기(p.24), 앱 소개(p.26), 영어로 한글 쓰는 법(p.156), 숫자 읽는 법(p.158), 미니사전(p.170)도 수록했습니다.

44일간의 유럽 여행 전에 가능한 한 많은 유럽 여행 책을 읽고 인터넷을 통해 철저히 준비했습니다. 일반적으로 다 가는 장소 외에 특별한 곳을 찾아갔습니다. 그리고 이 책을 만들면서 4권의 여행 영어책들의 문장을 패러프레이징 해서 8패턴으로 압축했습니다. 꼭 필요한 내용만으로 즐겁게 읽을 수 있도록 집필했기 때문에 배낭여행을 하고 싶은 분, 유럽 여행하고 싶으신 분께 최고의 선물이 될 것입니다.

miklish.com에 무료강의(goo.gl/36o3sd)와 다양한 공부법이 있으며, 궁금하신 점을 질문하시면 늦어도 3일 내에 답변해드립니다.

그리스 p.56
Where is the toilet?
그 화장실은 어디에 있습니까?

이탈리아 p.78
How much is it?
그것은 얼마 입니까?

오스트리아 p.112
Help me, please.
저를 도와주세요. 부탁입니다.

체코 p.122
I want to eat.
나는 먹는 것을 원합니다.

차례

이 책에 펜으로 쓰고,

모서리를 접으며

편하게 사용하세요.

스위스 p.94
I want it.
나는 그것을 원합니다.

독일 p.104
It's cold.
그것은 추운 상태(모습)이다.

프랑스 p.134
Can I use this?
내가 (이것을) 사용할 수 있나요?

영국 p.144
문장+(전치사+명사)
문장+(부가설명)

QR코드 사용법 http://goo.gl/XrWJGq
팟캐스트 무료 강의 http://goo.gl/icJ9DK

여권 passport 패쓰폴트

외국에서 사용하는 신분증입니다. 여행 가는 데는 여권과 돈만 있으면 된다고 말할 정도로 항상 소지하고 다녀야 하며, 비행기를 타거나 내릴 때 꼭 필요합니다. 그리고 외국인을 우대해주는 경우에 여권을 보여주면 할인을 해주기도 합니다.

발급 위치
각 시/도청, 구청의 여권과

구비서류
사진 1매 (3.5x4.5cm, 하얀 배경, 머리카락과 목 아랫부분이 나와야)
신분증

가격
성인 10년 기한 53,000원(48면), 50,000원(24면)
18세 미만 5년 기한 45,000원(48면), 42,000원(24면)
8세 미만 5년 기한 33,000원(48면), 30,000원(24면)

여권을 잃어버린 경우
대사관에 연락해서 여행 증명서를 받아야 합니다. 여행 증명서를 들고 현지 법무부를 찾아가 입국 증명 도장을 받으면 여권 대신 사용할 수 있습니다.

비자 visa 비자란

원하는 나라에 입국할 수 있는 허가증입니다. **유럽은 대부분** 60일~180일(평균 90일) **비자 없이 여행**할 수 있습니다. 몇몇 국가들은 출발 전에 한국에서 비자를 받거나, 나라에 도착해서 비자를 받아야 합니다.

유의사항

영국 귀국 항공권과 여행 계획이 있어야 합니다.
덴마크 귀국 항공권과 최소 체류 경비 약 70만원 이상 소지해야 합니다.
이탈리아, 스웨덴, 몰타 간단한 인터뷰가 있습니다.
에스토니아, 마케도니아 여행자 보험이 필수입니다.
세르비아 입출국 시 1만 유로 이상 신고가 의무입니다.

도착해서 비자를 발급받는 국가

벨라루스 러시아 경유 시에는 발급받을 필요가 없지만, 아니면 출입국 사무소에 초청장 등의 서류를 제출하면 비자를 발급해줍니다.
아르메니아 인터넷(http://mfa.am/eVisa)을 통해서 사전에 받을 수도 있고, 도착 후 공항에서 발급도 가능합니다.

사전 비자가 필요한 국가

아제르바이잔 인터넷(http://evisa.mfa.gov.az/)에서 발급 가능합니다.

항공권plane ticket플레인 티킽(ㅌ)

2~3개월 전에 비행기를 예약하는 게 좋습니다. 너무 빨리 예약하면 오히려 비싸게 구입할 수도 있습니다. 보통 국제선의 경우에 날짜가 가까울 수록 항공권 가격이 비싸집니다. 대륙내 이동은 땡처리 항공권이 싸게 나오는 경우도 있지만, 국제선은 땡처리 항공이 드뭅니다. 이동 루트는 rome2rio.com를 이용하고, 항공권 비교는 익스피디아, 카약, 와이페이모어, 인터파크 등에서 가격비교를 하고 구매하거나, 그 정보를 갖고 각 항공사 사이트에서 구매하시면 됩니다.

좌석seat씨잍(ㅌ)

기내의 자리는 예약할 때 정할 수 있는 곳도 있지만, 대부분은 공항에서 발권할 때 선착순으로 배정받습니다. 아기가 누울 수 있게 설치해주는 좌석도 있으니 미리 말씀하셔야 합니다.

항공기별 좋은 좌석 아는 방법: seatguru.com

좌석은 통로 쪽(asile seat아일 씰ㅌ)과 창가 쪽(window seat윈도우 씰ㅌ)이 있습니다. 단거리는 창가 쪽, 장거리는 통로 쪽이 좋습니다. 통로 쪽이 화장실에 가기도 쉽고 다리를 잠깐 뻗을 수도 있으니까요. 다만 창문을 통해 하늘을 감상하기가 어려운 점이 단점입니다. 시작되는 부분의 좌석은 앞에 좌석이 없어서 다리를 뻗기 좋습니다.

기내식airline food에얼라인 푸-ㄷ

기내식은 1~3종류(예를 들어 물고기와 양고기) 중에 하나를 골라서 먹을 수 있습니다. 원하는 특별식(아랍인식, 유대인식, 채식 등)이 있다면 예약할 때 정해서 받을 수도 있습니다. 맥주, 음료수, 커피는 무제한이고, 와인은 이코노미석에서는 한 잔만(레드, 화이트 중 선택) 가능한 경우가 많습니다.

비행시간이 짧은 경우, 식사는 없이 간단한 스낵만 제공될 수 있습니다.

이동수단

유레일Eurail유뤠일

비행기, 기차, 버스, 지하철, 트램(작은 길로 다니는 소형 기차), 자전거, 도보 등. 몇 개국을 들릴지, 여행 기간은 어떤지에 따라 선호하는 교통수단이 다르겠지만 (자전거로 러시아에서 스페인까지 가신 분도 있고, 프랑스에서 아프리카까지 가신 분도 있습니다.) 대부분은 기차가 많을 것입니다. 그 이유는 유레일패스를 이용하면 가격이 저렴하고(3-4개국 이하라면 항공권이 더 저렴할 수도 있습니다.), 가끔은 숙박도 해결할 수 있기 때문입니다. 유레일에는 글로벌 패스와 셀렉트 패스가 있는데 글로벌 패스는 기간 내에 자유롭게 이동할 수 있는 것이고, 셀렉트 패스는 이동할 수 있는 날짜를 정해서 그 날만 무료로 이동할 수 있는 것입니다. 유레일 대부분은 예약하지 않고 가도 남은 자리에 탈 수 있습니다. 다만 이동이 많은 구간(프랑스,이탈리아)과 쿠셋을 이용할 경우 여행지에 도착했을 때 미리 예약하고 떠날 때 이용하는 것이 좋습니다.

렌터카rent-a-car렌터카

차를 빌리실 경우 국제 운전면허증이 필요하며, 내비게이션은 휴대폰의 지도 (혹은 휴대폰의 구글 지도 앱 p.24)를 활용하시면 됩니다. 통신비가 많이 나올 수 있으니 사용하기 전에 114에 전화하셔서 당일 무제한 인터넷(하루에 만원 정도)을 신청하시는 것이 좋습니다.

지하철subway썹웨이

지하철 타기 전에 도착역의 이름을 알아야 하고. 그 노선 이름, 가는 방향의 다음역, 가는 방향의 끝역을 알아야 헤매지 않습니다. 서울만큼 복잡한 지하철 노선이 있는 나라는 일본, 뉴욕, 파리, 베를린입니다. 대부분은 서울보다 역과 노선의 수가 적기 때문에 익숙해지면 어렵지 않습니다.

택시taxi택씨

나라마다 요금이 천차만별이라 급한 상황이 아니면 꺼리게 됩니다. 하지만 길을 헤매느니 택시를 타는 게 나을 수 있습니다. 비싼 나라(비싼 순서)는 스위스, 노르웨이, 네덜란드, 핀란드, 스웨덴, 독일, 영국입니다.

숙박 계획

호텔, 모텔, 유스호스텔, 캠핑, 캠핑카, 카우치 서핑(일종의 홈스테이 couchsurfing. com), 노숙 등. 여행 경비에 따라 다르지만, 저희는 2명이 1박에 약 7만원으로 잡고, 저렴한 호텔에서 묵었습니다. 저렴한 호텔이 도심에서 너무 떨어진 경우에는 유스호스텔에서 묵었습니다. 저렴한 호텔을 예약하기 위해서는 트립어드바이저를 활용하면 됩니다. 호텔 예약은 최대한 일찍 하는 게 저렴합니다. 스위스와 독일, 체코의 유스호스텔은 준 호텔급도 있습니다.

숙박 예약하는 법

트립 어드바이저(http://tripadvisor.co.kr)에서 지역(도시)을 적고 날짜를 선택하면 이용 가능 한 호텔 목록이 나옵니다.

필터 옵션(가격, 호텔 클래스 추천)과 정렬기준(랭킹 추천)을 활용해서 호텔을 비교한 뒤 바로 예약하시거나, 경우에 따라 호텔 이름을 복사한 뒤에 창을 닫고 예약사이트(booking.com, agoda.com 등)에 가서 직접 예약하면 몇만 원 할인된 금액으로 예약하실 수 있습니다.

예약영상: goo.gl/XI45xU

음식 계획

유럽은 한국보다 물가가 비쌉니다. 지역에 따라 차이가 있지만(동유럽은 한국보다 쌉니다), 약 1.5배 정도 생각하시면 됩니다. 배낭여행으로 음식값을 줄이려면, 2~3일에 한 번씩 대형마트에서 식빵, 과일, 채소, 잼, 치즈, 버터 등을 사서 먹는 방법도 있습니다.

유럽에서 대부분의 과일, 고기, 와인은 한국보다 쌉니다. 조리할 수 있는 유스호스텔에서는 스테이크를 구워 먹어도 좋습니다. 저희는 하루에 한 끼는 꼭 제대로 먹었고(아침 뷔페 등) 한 나라에서 한번은 전통요리를 먹기로 했습니다.

빵은 구하기 쉽지만 밥은 구하기 어려우므로, 밥 없으면 힘드신 분은 햇반과 튜브형 고추장 등을 갖고 가시는 것도 좋습니다. 아니면 한인 민박을 이용하셔도 좋습니다. 물론 도심지에는 한국 물품을 파는 슈퍼도 있습니다.

각국의 대표 음식

그리스 메제데스, 피타, 기로스(커다란 케밥), 수블라키, 차지키, 우조

이탈리아 젤라또(아이스크림), 빠니니, 피자, 스파게티, 와인

스위스 퐁듀, 치즈

독일 프레즐, 소시지, 맥주

프랑스 크레페, 갈레트(얇은 팬케이크), 패이스트리

영국 영국식 아침 식사, 피시 앤 칩스, 맥주

스페인 타파스. 츄러스

헝가리 굴라시

체코 맥주

터키 케밥

음식

여권passport패쓰폴트
항공권plane ticket플레인 티킽(ㅌ)
유레일 티켓eurail ticket 유레일 티킽(ㅌ)

유로화euros유로우ㅈ 몇몇 나라는 아직도 자체 화폐를 쓰지만(영국, 스위스, 체코, 스웨덴, 러시아 등) 대부분은 유로화를 씁니다. 큰돈이 아니면 여행 가기 전 한 번에 환전해도 좋지만, 큰돈이라면 환율을 보며 여러 번에 나눠서 하는 게 이득일 수도 있습니다. 돈을 많이 갖고 다니면 위험하니까 최소한의 돈에 필요할 경우 카드에서 돈을 인출하는 것도 좋습니다. 전대를 쓰시는 것도 추천합니다.
인터넷에 검색하시면 은행에서 제공하는 80%, 90% 환율우대 쿠폰이 있는데, 인쇄해서 가시면 좋습니다.

카드card카알ㄷ 신용카드는 Visa나 Master가 적혀있는 것을 이용합니다. 국제 현금 카드는 하나은행 비바카드가 혜택이 좋습니다. 국제 현금카드가 아니라 일반 신용카드로 외국에서 현금 서비스를 이용하면 수수료가 많이 붙으므로 추천하지 않습니다.

캐리어suitcase쑤(ㅌ)케이ㅆ 캐리어는 크기와 종류가 다양합니다. 21인치(정확히는 3면 합 115cm 이하)면 기내 반입이 가능합니다. 어떤 것은 상단에 결합했다가 떨어질 수 있는 것도 있고, 평소에는 지퍼에 숨어있다가 지퍼를 열면 1.5배 많이 담을 수 있는 것도 있습니다.

멀티플러그outlet converter아웃렛 컨버털 유럽 대부분은 220V지만, 콘센트의 모양이 다르기 때문에 변환해주는 잭이 필요합니다.

여행자 보험traveler's insurance트레블럴ㅅ 인슈어런ㅅ 휴대폰 통신사나 은행 환전 시 여행자보험을 무료로 제공해주기도 합니다. 적은 금액이라도 여행자 보험을 꼭 드는 것을 추천해드립니다. 보험의 보장 금액이 커져도 휴대품은 개당 20만원만 보장이 됩니다.

국제 운전면허증 International Driver's License인털내셔널 ㄷ라이벌ㅅ 라이쎈ㅆ 차를 렌트해서 여행하시려면 여권과 운전면허증, 여권용 사진 1장을 갖고 경찰서(장소 확인 후에 가세요.)와 면허시험장에 가시면 발급받으실 수 있습니다. 수수료는 8500원, 1년간 유효합니다.

옷clothes클로우즈 얇은 윈드 브레이커(혹은 가벼운 패딩), 양말, 속옷, 선글라스, 수영복, 양복(고급 식당에 간다면), 슬리퍼(생각보다 유용합니다) 3~7일에 한번은 빨래할 생각으로 짐을 싸야 짐이 가벼워집니다.

우산umbrella엄ㅂ뤨라 현지에서 사도 되지만, 여행 기간이 긴 경우 가벼운 3단 우산을 갖고 가셔도 좋습니다.

국제학생증international student card인털내셔널 ㅅ투-던ㅌ 카알ㄷ 대학생인 경우 국제학생증으로 혜택을 받을 수 있는 게 많습니다.

책book북(ㅋ) 여행안내 책자를 한 권 갖고 가셔도 좋습니다. 휴대폰의 지도 앱과 현지에서 구할 수 있는 지도도 있으므로 두꺼운 책, 여러 권을 가져갈 필요는 없습니다.

세면도구toiletries토일렡트뤼ㅈ 칫솔, 치약, 수건, 면도기, 손톱 깎기

그 외에etc엘체트러 카메라, 휴대폰, 필기도구, 전대(허리에 차는 돈 주머니), 의약품, 햇반, 김, 고추장

정보information인폴메이션

숙소에 도착하면 가장 많은 정보를 갖고 있는 사람은 호텔 직원입니다. 가까운 슈퍼부터 지도, 관광지까지 물어보시면 모두 알려줄 것입니다. 호텔 밖으로 나오면, 경찰관이나 지하철역에 근무하시는 분들이 많은 것을 알고 계십니다.

이동move무ㅂ

호텔에 나오기 전에 호텔 주소가 적힌 명함이 있으면 비상시에 택시를 타고라도 찾아올 수 있습니다. 지하철로 들어가기 전에 지하철역의 이름과 출구번호를 알고 있으면 찾아오기 쉽습니다.

할인discount디ㅆ카운ㅌ

지하철과 버스, 관광지에서 외국인이나 학생을 위한 할인권이나 종일 사용권이 있으니 일정에 따라 활용하시면 좋습니다.

위급 상황emergency이멀전씨

유럽의 긴급 전화는 112입니다.
급할 때는 영사관에 연락할 수도 있습니다.(영사관에 따라 다르겠지만, 목숨이 위험한 경우가 아니면 잘 협조해주지 않습니다.)
독일, 스위스, 영국, 프랑스, 오스트리아 00800 2100 0404
그리스, 이탈리아, 체코, 터키, 헝가리 00 822 3210 0404

국제전화international call인터내셔널 컬

00700+82(한국)+지역번호(맨 앞에 0을 빼고, 휴대폰은 10)+전화번호

추가 정보

유럽체험 25선 자세한 사항은 론리플래닛 discover유럽 참고

1 영국 런던에서 사우스 강변을 따라 탬즈강변 거닐기
   (웨스터민스터브리지에서 타워브리지까지)
2 프랑스 파리의 명승지 구경: 에펠탑, 노트르담, 페르라쉐즈 공동묘지
3 스페인 바르셀로나에서의 야간 열차 여행
4 독일의 옥토버페스트
5 이탈리아의 식사
6 그리스 산토리니의 해안 절벽
7 터키 카파도키아의 요정의 굴뚝
8 아일랜드 펍에서 맥주 한잔
9 스위스에서 스키 타기
10 파리의 루브르, 오르세 박물관,
11 스페인 코르도바 역사지구의 메스키타
12 빈의 커피 하우스
13 크로아티아 두브로브니크의 성벽 산책
14 이탈리아 로마의 트레비분수에서 맞는 새벽
15 영국 스코틀랜드의 에든버러 여행
16 암스테르담의 커피숍들과 운하
17 지중해의 해변(크로아티아, 그리스, 터키)
18 슬로바키아의 전통 마을 주디아르
19 체코의 체스키크룸로프의 중세 느낌
20 재래시장:프랑스의 과일 야채, 그리스의 가죽제품, 이탈리아 핸드백
21 헝가리 부다페스트의 세체니 온천
22 그리스의 고대도시 델포이
23 브뤼셀의 그랑 플라스
24 독일 함부르크의에서 자전거 타기
25 프랑스의 프로방스

여행 유형

패키지여행을 할 것인지 자유여행을 할 것인지 선택합니다. 패키지여행은 계획 (숙박, 이동, 여행지)을 다 짜놨기에 편하게 다녀올 수 있지만, 정해진 곳을 정해진 시간만큼만 있어야 하기에 여행의 참맛을 알기에는 많이 부족합니다. 자유여행은 원하는 장소를 자유롭게 다닐 수 있지만, 예상과는 다른 일들이 생각보다 많이 발생하기 때문에 잘 준비를 해야 합니다. 총비용을 따지면 패키지여행과 비슷하거나, 오히려 더 많이 드는 경우도 많습니다. 저희 부부는 신혼여행으로 평생 못 가봤던 유럽여행을 꿈꿨기에 유럽에 동의했고, 돈은 없지만 시간이 많아서 배낭여행으로 정했습니다. 아내가 산토리니(그리스)를 꼭 가고 싶다고 해서 산토리니를 넣었고, 동유럽도 많이 넣고 싶었지만, 시간상 동유럽은 체코만 넣었습니다.

패키지와 배낭여행의 중간 형태인 에어텔(또는 호텔팩)도 있습니다. 가장 어려운 항공권과 숙박만 예약해주고, 나머지 일정은 자유롭게 여행할 수 있는 상품입니다.

여행하기 좋은 때

여름 동안 유럽은 성수기이기 때문에 사람도 많고 물가도 비쌉니다. 기왕이면 봄이나 가을에 가는 게 유리합니다. 가장 싸고 여행하기 좋은 9월~10월에 44일 동안으로 계획했습니다.

여행지 선택은 평소 인터넷 등에서 좋은 여행지를 보면 그때그때 스크랩 해놓는 것이 좋습니다. 그리고 유럽여행 책자와 패키지 여행경로를 참고합니다. 좀 색다른 곳을 여행하고 싶다면 론리플래닛을 보시는 것도 좋습니다. 한국 사람 입장이 아니라 그 곳을 많이 여행해본 외국 사람이 썼기 때문에, 한국 책에는 들어있지 않은 곳이 종종 있습니다. 저희의 여행 루트는 러시아(경유)-그리스

(아테네-크레타-산토리니-아테네)-이탈리아(로마-나폴리-베니스-밀라노)-스위스(인터라켄)-독일(퓌센-뮌헨:경유)-오스트리아(잘츠부르크-빈)-체코(프라하)-독일(밤베르크:경유-프랑크푸르트)-프랑스(스트라스부르-파리)-영국(런던)-러시아(경유)였습니다.

하이라이트

다른 데서 아낀 돈을 과감하게 몰아서 쓰는 것도 좋습니다. 예를 들어, 옥토버페스트(맥주)처럼 큰 축제가 있다거나, 요리나 악기, 춤을 배우거나, 패러 글라이딩이나 열기구를 체험하는 것도 좋습니다. 프랑스의 프로방스처럼 교통편이 불편하지만 멋진 곳을 여행하는 것도 좋고, 라빌레빌라쥬 같은 명품 할인 매장에서 쇼핑을 해도 좋습니다.

저희는 색다른 여행지로는 그리스의 크레타와 이탈리아의 카프리(푸른 동굴), 축제로는 옥토버페스트와 프랑크푸르트 도서전에 참여하기로 했습니다. 옥토버페스트는 세계 3대 축제로, 그때는 뮌헨의 모든 숙박지가 예약되어서, 참여하고 싶으면 1년 전에 숙박을 예약해야 합니다. 그리고 그때 숙박의 가격은 유스호스텔조차도 5배 이상 비쌉니다. 그래서 저희는 차선책으로 퓌센에서 묵다가 뮌헨을 거쳐 가는 걸로 계획했습니다. 프랑크푸르트의 도서전에 참가하기 위해서 프랑크푸르트에서 5일간 유스호스텔에서 묵었습니다. 런던에서는 뮤지컬 공연을 보기로 했습니다.

한 나라를 알려면 세 군데를 가보는 게 좋다고 합니다: 과거를 알기 위해 박물관, 현재를 알기 위해 시장, 미래를 알기 위해 도서관

박물관은 프랑스와 영국에 많지만, 에곤쉴레와 클림트의 원작을 보기 위해 빈에서도 미술관에 갔고, 체코의 미술관에서 알폰스 무하의 전시를 보기 위해 갔습니다. 개인적으로 살바도르 달리를 좋아해서 베니스의 미술관에 갔습니다(달리는 같은 작품을 여러 개 만들었기 때문에 세계적으로 미술관이 많습니다) 전통시장은 프랑크푸르트(독일)와 영국에서 벼룩시장에 갔고, 도서관은 시간상 프랑크푸르트 도서전으로 대신했습니다.

공항 전광판의 시간을 보고 타야 할 비행기의 탑승수속 카운터(counter)를 찾습니다. 공항까지의 이동은 공항 리무진 버스(airportlimousine.co.kr)를 참고합니다.

출발 3시간 전에(늦어도 2시간 전에) 탑승수속 카운터에 가서 줄 서서 기다립니다. 출발 1시간 전부터는 탑승 수속이 불가능합니다.

면세점에서 원하는 물품을 삽니다. 공항에 오기 전에 면세점 쿠폰을 받아 오시면 좋습니다. 여기가 아니라 비행기 기내에서 세금(Tax택쓰)이 면제된 물건을 살 수도 있습니다. 주로 화장품, 담배를 많이 삽니다.
가능한 영수증을 꼭 챙기는 것이 좋습니다. 면세점 물건이라는 것을 증명하지 못하면 반입이 불가능 할 수도 있습니다.

환승 때문에 시간이 많이 남았거나, 비즈니스석인 경우, 아니면 라운지 카드가 있는 경우 라운지에 가서 쉬셔도 좋습니다.
라운지에서 샤워도 할 수 있고, 간단한 식사와 주류를 드실 수 있습니다.

출입국

짐을 넘겨주고, 여권과 항공권 예약 확인증을 보여줍니다. 원하는 자리가 있는 경우(창가쪽window seat윈도우 씥ㅌ, 복도쪽asile seat아일 씥ㅌ를 말씀하시면 됩니다.
정해진 짐(15~20kg)보다 무거울 경우 추가금을 낼 수도 있습니다. 깨질 수 있는 물건이 들어있는 경우 Fragile프래자일 Tag택(ㄱ)를 달라고 해서 붙여서도 좋습니다.

보안검색으로 가서 탑승수속에서 보내지 않은 모든 가방과 짐, 두꺼운 겉옷을 바구니에 넣고 출국심사를 통과합니다.
칼, 공구류는 반입이 안됩니다. 액체는 100mL 이하의 용기에 담은 후, 1L 지퍼백에 넣어야 합니다.

인천공항의 28번 게이트 맞은편에서 지하로 내려가서 셔틀 트레인을 탑니다. 셔틀 트레인은 5분 간격으로 운행합니다.

출발 30분 전에 출발 게이트에 도착해야 합니다. 너무 늦게 타면 가방을 넣을 공간(Overhead Compartment)이 없기도 합니다. 고도가 높아지면 귀가 먹먹해지는데 음료수나 사탕을 드시면 나아집니다.

비행기에서 내려서 입국 심사대(Arrivals얼라이벌ㅅ를 쫓아서)에 갑니다. 외국인과 자국민의 심사대 입구가 다릅니다.

Baggage Claim배기쥐 클레임(짐 찾는 곳)에 가서 항공편을 보고 짐을 찾고, 세관 신고 후에 공항에서 나옵니다.

출입국 신고서 Landing Card 랜딩 카알ㄷ

착륙하기 전에 출입국 신고서를 나눠줍니다.(혹은 의자에 꽂혀 있기도 합니다.)
대부분은 영어가 같이 써있는 것을 주며, 한국인이 많이 오는 곳은 한국어로 된
것을 주기도 합니다.

기재해야 할 사항으로는 성(Family Name), 이름(Given Name, First Name),
성별(Sex:male남자, female여자), 생년월일(Birth day), 여권 번호(Passport
No.), 입국목적(Purpose of Visit: tourism관광, business사업, work취업), 타
고 온 비행기 번호(Flight No.), 국적(Nationality), 체류할 장소(Address)와 연
락처(Telephone No.), 체류 기간(Length of stay), 서명(Signature) 등을 적어
야 합니다.

세관 신고서 customs declaration 커ㅅ텀ㅆ 디클러뤠이션

다시 한국에 입국할 때, 원칙은 600달러 이상(약 66만원)은 모두 신고하는 것
이고, 신고를 안 해서 걸리면 30%의 가산세가 붙습니다. 상습적이거나 장사 목
적이 아니라면 심하게 검열하지는 않지만, 잘못하면 물품 압수 및 벌금이 부과
될 수도 있습니다.

Home Office
UK Border Agency
LANDING CARD
Immigration Act 1971

Please complete clearly in English and BLOCK CAPITALS

Family name 성

First name(s)이름

Sex 성별
☐ M 남자   ☐ F 여자

Date of birth 생년월일
D D M M Y Y Y Y

Town and country of birth
태어난 도시와 나라

Nationality국적

Occupation 직업, 직장명

Contact address in the UK (in full) 영국내 거주할 주소

Passport no. 여권 번호

Place of issue 여권 발행 국가

Length of stay in the UK 영국내 체류기간

Port of last departure 비행기 출발지(인천공항 등)

Arrival flight/train number/ship name 비행기 편명

Signature서명

IF YOU BREAK UK LAWS YOU COULD FACE IMPRISONMENT AND REMOVAL
영국법을 어기면 구속되거나 주방될 수 있습니다.

CAT	-16	CODE	NAT	POL

For official use

영국의 입국 신고서

앱을 받는 화면으로 들어가서 '검색'을 누릅니다.

검색창에 'google maps'를 검색합니다.

'받기'를 눌러 받습니다.

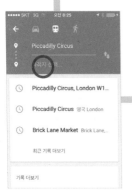

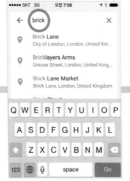

목적지 선택을 누릅니다.

'brick lane market'을 검색합니다.

길이 검색되기는 하지만, 도보로 됩니다. 지하철 모양을 누릅니다.

구글맵으로

영국의 피카디리 서커스에서

브릭레인 마켓까지 가는 길 찾기

구글 맵에 들어가서 가야 할 위치 🔄를 누릅니다.

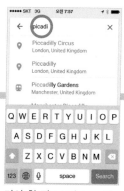

가야 할 장소로 'piccadilly circus'를 검색합니다.

piccadilly circus를 도착지가 아니라 출발지로 바꿔줍니다.

대중교통으로 가는 길을 알려줍니다. 시간을 보고 가고 싶은 방법을 선택합니다.

선택한 방법의 경로를 보여줍니다. 다시 한 번 밑의 경로를 눌러줍니다.

스크롤 하면서 보고 싶은 단계를 선택하면 그 부분의 상세 경로를 보여줍니다.

종합 정보

 트립 어드바이저 Trip Advisor http://tripadvisor.co.kr
세계 최대 최강(5억 건의 리뷰, 호텔 가격 비교)의 여행 정보. 홈페이지
(tripadvisor.com)도 강력 추천합니다. 숙소와 음식점의 리뷰와 랭킹으로 어디
에서 자고 먹을지에 대한 해결! 여행 계획부터 도착해서까지 끊임없이 볼 수밖
에 없는 앱. 특히 '현 위치의 주변 정보'가 유용합니다.
트립 어드바이저 외에도 Tripomatic으로 관광지를 찾을 수 있고, Viator로 가
이드가 있는 이벤트에 참여할 수도 있습니다.

 월드 메이트 WorldMate
날씨, 환율과 팁 계산을 할 수 있는 종합 앱! 막상 본 기능인 여행 계획
은 크게 쓸모가 없습니다.

 포스퀘어Foursquare
위치를 기반으로 한 리뷰와 정보.

항공권 가격 비교

 익스피디아Expedia http://expedia.co.kr
실시간 비행기와 호텔 예약. 한국의 항공기 예약 사이트는 인터파크 항
공권(air.interpark.com)이 편리합니다. kayak.com에는 가격대별 이동 가능한
항공권도 검색할 수 있습니다.

수십 개의 여행 앱을 써보고,
여러 권의 가이드보다 유용한
앱 10개를 뽑았습니다.

이동 정보

 구글 지도 Google Maps http://maps.google.co.kr
가장 좋고 쉬운 지도. ◉자신의 위치, ⬆ 가고 싶은 위치를 적으시면 갈 수 있는 방법을 알려줍니다. 차량 내비게이션으로 사용 가능.

 세계 지하철 Metro World
무료 지하철 앱. 경로 검색이 안 되는 게 흠입니다.

게이트 구루 GateGuru
비행기 도착 시각과 게이트, 공항의 시설 정보까지 알려줍니다.

숙소 예약

 아고다Agoda http://agoda.com
가장 싸고 많은 숙소. 아고다 말고 booking.com이나 hostels.com도 좋습니다. 숙소를 예약한 사이트의 앱을 깔아 놓는 게 편합니다.

호스텔 월드 Hostel World http://hostelworld.com
저렴한 유스호스텔 예약.

카우치 서핑 Couch Surfing http://couchsurfing.com
무료로 남의 집 소파에서 자기. 한국은 아직 활성화되지 않았지만, 전 세계 대부분 지역에서는 활성화되어있습니다. 혼자 여행이라면(특히 남자는) 해볼 만 합니다.

그 외에 날씨와 시간은 휴대폰 자체 앱을 추천합니다. 메일은 네이버 메일 앱에서 '내게 쓰기'를 하면 잊지 않고 저장해 놓을 수 있습니다. 급할 때 메일 보낼 수도 있습니다. 아니면 에버노트Evernote도 좋습니다.

출발

꿈꿀 지도

위치	날짜	일정	숙박장소
인천	09월 11일 12:50	인천출발	
	17:15	모스크바 도착(9시간비행,셰레메티예보공항)	모스크바 공항
모스크바	09월 12일 10:05	모스크바출발	
	12:35	아테네 도착(3시간30분비행)	
그리스	~저녁	아테네 관광(짐은 오모니아 지하철역 근처에 맡겨두기) 미니 관광 코끼리열차타기(선샤인-익스프레스 트레인) 로만 아고라 광장의 이드리아 레스토랑 앞에서 출발. sunshine-express.gr 한 사람에 6유로	7시20분에는 무조건 피 레우스로 떠나기!!
	21:00	크레타로 이동(배)	배
	09월 13일	크레타 도착(오전 5시30분),사마리아 협곡 오르기!!	크레타(하니아, 브라나스스튜디오)
	09월 14일	크레타(13일에 사마리아 협곡을 못 올랐으면 이날 오르기. 낮이나 저녁 에 헤라클리온으로 이동)	크레타(하니아, 블루비치아파트)
	09월 15일	크레타 시내여행(하니아에서 묵고 16일만 크레타 시외관광할까?)	크레타(하니아,나나키스)
	09월 16일	크레타 시외관광 (차대여!)	크레타(헤라클리온)

Mike의
일정 1

경비	준비할일	기타
비행기 1,328,740원	예약했음! 여행보험 제일싼거 들기? 유스호스텔증 만들기? 국제운전면허증 만들기?	유레일 세이버패스 2명에 약 900유로?(130만원, 하루당 한사람에 약 30유로. 한사람 당 개개로 끊는것보다 약 150유로 절약)
	민박이나 호스텔 예약할것!	유로 나온것은 한명당의 가격임 무무(소의 얼룩무늬가 그려진곳) 러시아 전통음식 블린늬를 종류별로 먹을 수 있음
		시계 바꾸기
	varoulko.gr 마법같은 그리스식 정찬 파는 곳?(론리추천!)	그리스의 우조+얼음 마시기 그리스의 치즈 — feta
120유로 (유레일 보여주면 할인받을 수 있 다)	예약하기(outside,4bed) (비행기같은 좌석은 86유로) 배값이 2명에 18만원;; 그래도 크레타를 가는게 나을듯 (비행기도 있긴한데 18만원, 50분에 가고 아 침 10시50분에 도착, 9시40분출발~ 10시 30분 도착도 있긴한다.)	
협곡 입장료 1인 당 5유로		숙박 vranas studios 1박에 40유로, booking.com에서 예약했음 하니아에서 아침 7시반, 8시반에 협곡가는 버스가 있음. 18km걸어서 아기아 우멜리(Agia Roumeli)까지 가서 오후 5시 45분에 Chora Sfakion는 보트 타기(9유로) 싸고 괜찮다? 버짓가격 아닌데요?
	위쪽 해안으로 숙박지를 옮기기? 차 빌림. http://www.speed-rentacar.gr/ 에서 하루에 20유로. 마리스. 오전 9시30분.	Blue Beach Villas에 예약. 아고다에서. http://www.bluebeach.eu/ 크레타섬 샐러드 꼭먹기 미켈라스 식당 가보기?(메인5~7유로,식료품시장 동쪽에 위 치) 크레타 옆 바모스(시골같은데 vamos) 꼭 가보기!! 하니아 opaka음식점 추천?
	위쪽 해안으로 숙박지를 옮기기?	Nanakis Beach Luxury Apartments 에 예약. 1박에 45유로.(booking.com) 예약번호: 147.119.608 메제데스(에피타이저) 먹기
5~10만(렌트 비)	하니아에서 빌려서 이라쿨리온에서 반납할 수 있으면 그렇게 해도 좋을듯	Prince of Lillies , booking.com에서. 35유로 예약 번호 544.675.365

일정은 참고사항일 뿐 그대로 지킬 필요는 없습니다.

저는 일정의 70% 정도만 지켰고, 나머지 30%는 날씨가 좋지 않거나, 예상보다 시간이 더 걸리거나, 몸이 피곤하거나, 친구가 생겨서 일정이 바뀌었습니다.

goo.gl/D69Ros

	09월 17일	산토리니로이동 전통시장(피라) 화산섬투어(시간이 된다면) 낮에 아크헤이온, 저녁에 스핑크스?(피라)	산토리니(피라) 루카스호텔-완전비쌈 www.portofira.com www.steliosplace.com 36유로(두명에!)
	09월 18일	산토리니, 차 렌트?, 와이너리?	산토리니
	09월 19일	낮 4시에 아테네로, 아테네에서 로마에 6시 출발.	로마(유스호스텔) 호스텔월드 비번 xxxxxxxxxxx (대소문자 구분할것,끝에 느낌표)
로마	09월 20일	로마관광 (바티칸패키지-가이드,헬로우 유럽)	로마(유스호스텔)
	09월 21일	로마관광 (시내패키지)	로마(유스호스텔)
	09월 22일	로마관광 (자유관광, 저녁에 나폴리로이동-8시50분 출발 11시 도착 있음./8유로)	나폴리
	09월 23일	카프리, 폼페이	나폴리
	09월 24일	오전에 베니스로 이동!(오전 8시출발 오후 4시도착) https://www.lefrecce.it/	베니스
	09월 25일	베니스	무라노
	09월 26일	베니스	부라노
	09월 27일	밀라노로 이동	밀라노 호스텔월드에서 예약함. BLACK AND WHITE 호스텔
스위스	09월 28일	인터라켄으로 코스바꾸기	인터라켄
	09월 29일	인터라켄	인터라켄

일정2

배값 100유로 화산섬투어 11만 원;(두명에 식사 포함)	배나 비행기 예약할것! 수영복챙기기,	니콜라스에서 식사 해보기? 손님들이 극찬하는곳, 메인은 5~10유로 오전 8시2o분(99유로,10시30분도착)과 오전 9시 45분(11시 50분도착) 배(10z유로)가있음
차렌트?		Pelagos Oia 예약, booking.com에서. 예약 번호 544.6z9.z8z PIN 코드 9119
두명에40만 원;(비행기로 이동)www. ebookers.com 에서 예약함	비행기 예약했음	이탈리아에서 유레일 싸게 이용하기 http://blog.naver.com/dkrakcc/600545848175
	외과 패키지 http://www.matour.co.kr/main/ 패키지 http://www.helloeurope.co.kr 로마 시내 패키지(자유롭게)	이탈리아 치즈 parmesan, recotta, mozzarella
	바리칸투어(시스티나성당) 패키지?	
	로마 시내 자유여행 trenitalia에서 나폴리까지 z명에 18유로결 제 Hotel Europeo, hotels.com에서 예약함	18유로(기차예약함)
		폼페이, 카프리의 푸른동굴에 꼭 가자!!
	호텔 booking.com Camping Village Jolly 예약 번호 855.661.663 PIN 코드 xxxx 이메일 iminia@empal.com	기차예약했음! 58유로 Electronic Ticket Ticket Code xxxxxxxx PNR xxxx 그림같이 사진을 찍을 수 있는곳. z0일에는 한 사람당 9유로, z1일에는 19유로로 미니ა금 기차 도 있다.
	웨딩사진	
	http://www.vivaticket.it 시스티나성당 그림예약이 안됨; 직접가면 될 려나? 일단 전화는해보기	기차예약! 안쓰기(두명에 0유로) 최후의 만찬(빈치아노수도원) 예매해놓기 화요일 아침에 Viale Papiniano에서 열리는 시장이 유명하 다. 디자이너 의류는 스피가거리, 산단드레아거리, 몬테나폴레오네 거리, 알레산드로 만초니 거리로 가보기
	인터라켄까지는 유레일로 예약해야함! 파노 라마로 예약할것!!!	1(40유로) 3시간 반걸림 스위스 치즈 — emmental, gruyere, gouda, edam 밀라노에서 키아소까지 간후, 키아소에서 유레일쓰기? — 루가 노(lugano) — 아스골다우(arth-goldau) — 루체른
	interlaken@portal.dormproject.ch	Backpackers Villa Sonnenhof

	09월 30일	인터라켄	인터라켄
뮌헨	10월 01일	바젤!!! (바젤이 디자인도시이기도 하고, 바젤근교 비트라디자인 뮤지엄 찾아가기?), 독일로 이동, 옥토버페스트.	퓌센 Jugendherberge Fussen 예약 번호 263.067.499 booking.com에서 예약
	10월 02일	옥토버페스트, 퓌센꼭 가기!	퓌센
잘츠부르크	10월 03일	잘츠부르크로 이동	잘츠부르크 booking.com에서 Bloberger Hof 예약 함 10/3~5 (150유로)
	10월 04일	잘츠부르크	잘츠부르크
빈	10월 05일	오스트리아 빈의 카페에서 휴식 빈소년 합창단등 공연보기(예약할것)	빈 Hotel Geblergasse 2박에 118유로 booking.com
	10월 06일		
체코	10월 07일	프라하로!	프라하 Booking.com에서 Hostel Centre로 예약 함 3박에 87유로
	10월 08일		프라하
	10월 09일		프라하
프랑크푸르트	10월 10일	도서전	프랑크푸르트 United Hostel Frankfurt City Center, HOSTEL WORLD.COM에서 예약 함
	10월 11일	도서전	프랑크푸르트
	10월 12일	도서전, 튀링겐의 바흐생가는어떨까? Enigma는 어디에 살고있을까? 작업실은 어디에?	프랑크푸르트

일정3

11만원(케이블 카)		
		2(174유로) (바젤까지 한시간, 뮌헨까지 5시간걸림,야간열차는없음) 취리히나 바젤을 거쳐야한다. 바젤-칼스루헤-뮌헨. 바 젤 거쳐가기? 바젤에서 구경좀 하다가. 카를교 가기! 바젤 YMCA유스호스텔 괜찮다는 이야기가?
	술집중 아우구스티너 브로이스투벤 (Augustiner Bräustuben)을 론리플레닛에서 추천했음. Tel:507-047	
		!(34유로) 2시간걸림(유레일 안쓰기!) 그림같이 사진을 찍을 수 있는곳. 잘츠부르크
	음악의 집 박물관에 들르기(haus-der- musik-wien.at 입장료 10유로씩 2명) 재래시장도 매일 열림(저녁6시 전까지) U-Bahn Karlsplatz. 다양한 길거리 음식 과 싸구려 옷가게가 있음, 국립오페라 극 장에서 공연보기?(staatsoper.at 입석은 2~3.5유로, 좌석은 7~254유로) 나이트 클럽 www.flex.at은 어떨가?론리플 레닛 추천	3(52유로) 3시간걸림(온천하고 바로 오면 안내도 됨) 빈- 호이리겐에서 생산한 햇와인 빈 왈츠 출 수 있는데를 찾아볼까?
체코의 유스호스 텔은 호텔급!		4(프라하까지 직접가는건 90유로,빈에서 프라하 가는건 70 유로.빈으로 갔다가야될듯) 빈에서 프라하까지 5시간정도걸림, 야간열차있음(새벽4시도 착) 부다페스트에서 빈까지는 시간이 애매하다. 우르켈맥주, 부드바르(budweiser)맥주 맛보기
외곽으로 다녀오 기?		
독일에서 먹을꺼 사가기		
19만원 (입장권)	입장권예매!	5(119유로,6:30분에 프라하에서 떠남 새벽4시 프랑크푸르트 도착 야간열차) 사과주 에펠봐인 사가기

	10월 13일	휴식, 관광, 동물원은 어떨까? 자전거 여행도 좋을듯 프랑크푸르트에 독일에서 가장큰 동물원이 있음. 뮌헨(식물원과 동물원을 합친느낌,분위기가 아주좋고 냄새가안난다)이나 파리, 바젤(동물과 조금 가까운거리?)에도 있기는 함	프랑크푸르트
	10월 14일	도서전	프랑크푸르트
프랑스	10월 15일	스트라스부르-치즈뷔페가 가깝다. 스위스에 폭포 보러가기?	스트라스부르!(하루이틀 더 머무는것도 가능은 하지만;;)
	10월 16일	스트라스부르	스트라스부르
	10월 17일	바토무슈유람선, 전시회 베르사유궁 에펠탑, 노트르담 대성당,	파리
	10월 18일	오르세, 베르사유 파리 패키지	파리
	10월 19일	페르 라쉐즈 공동묘지,몽생미셸갈까나?	파리
	10월 20일	바토무슈유람선, 전시회 베르사유궁?, 드뷔시생가?	파리
영국	10월 21일	오전에 런던으로 이동	런던 https://bookings.easyhotel.com/ 에서 21일~25일 예약 Reference: xxxxxxxx 161GB냄(283천원)
	10월 22일	런던탑 가기(예약했음! 7만원결제됨) 디자인 물품과 피쉬앤칩스를 꼭 먹어보고싶다	런던
	10월 23일	런던, 템즈강변 거닐기(사우스뱅크를따라), 하얀절벽가기?	런던
	10월 24일	런던	런던
	10월 25일 1:25	한국으로9시35분	heathrow airport
한국	10월 26일 11:10	한국도착	

일정4

		프랑코 푸르트에서 스트라스부르에 짐 내려놓고 바로 스위스의 라인폭포 가는건 어떨까? 아니면 스트라스부르에서 2~3일 묵으면서 당일치기로 라인폭포 가는것도 좋을듯. 유럽에서 가장 큰 폭포. 볼만하다!! Schaffhausen 근처임
치즈뷔페4만4천 (1인당)		6(프랑크푸르트에서 스트라스부르까지는 72유로, 파리까지 직접가는건 108유로, 스트라스부르에서 파리까지는 40유로) camembert, brie, livarot, roquefort, epoisses, bleu d'auvergne, pont l'eveque 치즈들 맛보기
전시회 2일무제한(11만5천)	전시회 무제한권 예매해서 하루에 4군데 이상 가보도록 하기	퐁피두센터 가기
	호스텔에서 묵음 http://www.villagehostel.fr 에서 예약	
		루브르 박물관에 한국어 음성가이드 쓰기
		파리 마지막날에 몽파르나스 타워전망대 가보기? +음료
	런던 탑투어는 인터넷 예약해야 기다리지 않는다.	영국치즈, wensleydale, red leicester, stilton
		테이트모던 미술관가기
		런던 국립미술관 가기
		디자인 뮤지엄 꼭 가기 www.designmuseum.org 영국에서 당일치기로 도버의 하얀절벽 가는것은 어떻까? 영국에서 레이크 디스트릭트에 하루이틀 자전거 여행해보는것도 좋을것 같다. 사진보니까 너무 예뻐서..
1,843,097원	비행기예약	
총 42일 묵음 1박에 20~25유로. 두명에 40~50유로. 숙박비(1유로=140원) 최하: 1680유로. = 235만원. 최고: 2100유로. = 294만원.		유레일 관련해서 이탈리아 - 빼기?!!(인터넷의 미니요금으로 하나하나 결제하기) 프랑스 - 빼기? 독일! 스위스! 체코! 오스트리아 헝가리?(프랑스를빼고?)

위치	날짜	일정	숙박장소

나의
일정 1

경비	준비할일	기타

빈칸에 **여행 계획**을 작성해보세요.

여행 도중 **여행 일지**로 쓰셔도 좋습니다.

goo.gl/D69Ros

위치	날짜	일정	숙박장소

일정2

경비	준비할일	기타

위치	날짜	일정	숙박장소

일정3

경비	준비할일	기타

위치	날짜	일정	숙박장소

일정4

경비	준비할일	기타

위치	날짜	일정	숙박장소

일정5

경비	준비할일	기타

위치	날짜	일정	숙박장소

일정6

경비	준비할일	기타

가진 것도 없고, 폐 끼치기도 싫어서 작은 카페에서 결혼하고 근처 식당에서 식사하려고 했지만, 결국 웨딩홀(CTS)에서 했다. 청첩장은 직접 만들었고, 축의금은 받지 않고, 결혼식이 별로 없는 일요일 오후 늦게(웨딩홀 비무료) 2시간 정도 음악회와 함께 예식을 했다.
많은 분의 도움으로 결혼할 수 있었는데, 사진은 채승 형이, 웨딩카는 장인 어르신 차로, 영상은 이벤트 지원으로(G motion picture), 부케(라비타&라블룸)와 드레스(칸웨딩), 양복(LEE SOM TAILOR)은 샀다. 메이크업은 슈

결혼

어바이 정민에서 했다.
신혼여행은 생각하지 못했는데,
장인어르신께서 인생을 위한 선
물로 보내주셨다.
스튜디오 촬영은 하지 않았고, 대
신 드레스를 들고 신혼여행 중에
촬영했다.
모든 분들께 진심으로 감사드립
니다.

결혼식 퇴장

가장 싼 유럽 티켓을 찾다 보니 러시아를 경유해가는 것이었고, 경유하는 시간이 길수록 티켓이 싸서 가장 오래 경유하는 것으로 구매했다.

공항에서 17시간 체류하는 동안 공항을 배회했다. 공항 밖으로 나가는 것은 러시아 비자가 있어야 했는데(현재는 비자 없이 나갈 수 있습니다) 그 금액이 한명에 약 10만원이라 신청하지 않았다.

늦은 시간이라 대부분의 상점은 문을 닫았다. 러시아 민속음식을 먹으러 갔는데, 점원은 아주 불친절했다.

공항은 실내임에도 어찌나 추운

러시아

지 자면 목숨이 위험할 것 같았고, 모든 의자에는 팔걸이가 있어서 누울 수 없었다.

라운지 앞에 카펫이 깔린 바닥에서 두어시간 쯤 자고 새벽에 일어나서 얼굴을 씻었지만 부시시한 머리에 거지꼴을 면할 수 없었다. 버거킹이 다른 음식에 비해 쌀 것이라 예상하고 갔는데, 공항이라 그런지 가격이 한국의 2배 정도였고, 케첩은 따로 계산해야 했다. 이곳 직원 역시 불친절했다. 아침에 환승하기 위해 지하로 갔는데, 따뜻한 데다가 팔걸이가 없어서 누울 수 있는 의자가 상당히 많았다. 진작 여기 와서 잘 걸.

셰레메티예보 공항 바닥

그리스

¹ Where is the <u>toilet</u>?

엘라포니시 입구

위치를 물을 때

Where is (the) __toilet__?

웨어 리즈 (더) 터일렡(트)?

오른 페이지의 밑줄이 있는 단어와
바꿔가면서 연습하세요.

(그) 화장실은 어디에 있습니까?

모음이 없는 경우,
입모양은 '으'보다 조금 작게 하고,
'으'를 소리내지 않으면서
자음만 소리냅니다.

http://goo.gl/E391w4

Tip
the는 서로 알고 있는 것을 가리킬 때 쓰며, 사람 이름이나 나라 이름, 지역 이름이 올 때는 the를 붙이지 않습니다. 예를 들어, '그 배'는 the ship 입니다. '그'를 보시면 'the'를 붙이시면 됩니다.
일단은 정확한 영어를 쓰는 게 목적이 아니라, 의사를 전달하는 것이 목적이므로 틀려도 신경쓰지 마시고 편하게 말씀하세요.

관련 단원
길을 알려주는 표현은 p.121에 있습니다.
<4시간에 끝내는 영화영작: 기본패턴> 23단원, 4단원

기본 어휘

Where웨얼 어느 곳

1.방향 밑줄이 있는 단어를 바꿔서 연습하세요.

this디씨 이(것)

that댓트 저(것)

2.탈것

bus버쓰 버스

bus stop버쓰-탑 버스 정류소

ship쉽(ㅍ) 배

subway썹웨이 지하철

train트뤠인 기차

car카알 자동차

3.건물

hotel허텔 호텔

hospital하스피럴 병원

Korean Embassy 한국대사관
커뤼언 엠버씨

temple템플 신전

villa빌러 주택

4.장소

airport에얼폴트 공항

port폴트 항구

restaurant뤠스터랑트 식당

ticket office티킷 어피씨 매표소

toilet터일렡(ㅌ)화장실

valley밸리 계곡

5.물건

passport패쓰폴트 여권

cell phone쎌 포운 휴대전화

seat씨잍(ㅌ) 좌석

기타

boarding볼딩 (항공기) 탑승

closing클로우징 닫는

last라스트 마지막

opening어프닝 여는

departure디팔철 출발

show쑈우 공연

아테네 국제공항에서 입국심사

랜드마크인 신타그마 광장의 국회의사당

아테네: 여행의 설렘

공항버스-도심미니버스-아테네꼭대기미니버스-도심
도보-수블라키식당지하철-피레우스항구

무슨 줄이 이렇게 긴지. 입국 심사대에서 두 시간 넘게 기다려서 겨우 통과했다. 도심으로 가는 버스를 어디에서 타는지 몰라서 버스 타는 곳을 물어봤다.

1 그 버스 정류장은 어디에 있습니까?

버스표를 끊은 뒤 5번 출구의 X95번 버스를 타고 아테네 시내로 들어갔다.

지중해 특유의 촉촉한 공기에서 여유가 느껴졌다. 아테네 도심으로 가는 버스의 창밖에는 전혀 다른 색깔과 문자가 곳곳에 널려있고, 흰색의 다양한 가게들이 계속 이어졌다. 여행 기간 동안 우리를 기다리고 있는 모든 일에 가슴이 뛰었다. 흠이라면 그리스가 구제금융을 받은 지 몇 년 지났지만, 외곽에 있는 절반 정도의 가게들은 문이 닫혀있었다.

그리스 신화에 등장하는 파르테논 신전을 보려고 아테네에 갔다. 버스에서 이런저런 생각을 하는 동안 사람들이 하나둘 씩 내리자 마음이 조급해졌다. 언제 내려야 할지를 물어봤다.

2 아테네는 어디에 있습니까?

거의 종점이 신타그마 광장에 있었다. 버스가 신타그마 광장을 돌며 국회의사당이 보일 때 겨우겨우 신타그마 내릴 수 있었다. 저녁 7시에 크레타로 가는 배편이 예약되어 있어서 급하게 이동해야 했다. 아테네 시내는 상대적으로 숙박비용이 비싸고, 볼거리도 많지 않아서 빨리 이동하기 위해 미니버스(Athens Happy Train: athenshappytrain.com)를 찾았다. 미니버스 그림을 가리키며 위치를 물어봤다.

3 이 버스는 어디에 있습니까?

아테네의 파르테논 신전 근처까지 가는 미니버스(서울 대공원의 코끼리 열차와

1 Where is the bus stop?
웨어 리ㅈ 더 버ㅆ(ㅅ)탑

2 Where is Athen?
웨어 리ㅈ 아덴?

3 Where is this bus?
웨어 리ㅈ 디ㅆ 버ㅆ?

사방이 트여있는 파르테논 신전에서 본 아테네

비슷하다)에 좋은 자리를 잡는다고 운전사 바로 뒷자리에 앉았는데, 배기가스가 엄청나서 마치 가스실에 들어온 기분이었다.

버스는 예쁜 상점 사이의 골목골목을 지나 산으로 올랐다.

산 중턱쯤, 버스에서 내려서 앉아 계신 할아버지께 짐을 어디에 맡겨야 되는지 여쭤봤다. 직접 멀리까지 안내해주시며 이런저런 이야기를 하니 고향에 온 듯한 여유와 정이 느껴졌다.

만질만질한 대리석을 따라 올라가면, 아테네의 꼭대기에 도달하는데 산 정상에 올랐을 때처럼 앞이 탁 트였다. 나무가 거의 없는 돌산인 데다가 사방으로 트여있어서, 세상의 꼭대기에 올라온 느낌이다.

우리가 가진 표로 근처의 박물관을 무료로 이용할 수 있지만, 시간상 다시 아테네 도심으로 소형버스를 타고 내려왔다.

근처에 수블라키로 아주 유명한 가게가 있어서 지하철역 1개 정도의 거리를 무거운 캐리어를 끌고 갔다. 어떻게 가는지 몰라서 지나가는 사람에게 지도를 가리키며 길을 물어봤다.

4 **여기**는 어디에 있습니까?

수블라키는 일종의 닭꼬치나 양꼬치인데, 크기는 좀 더 크고, 그리스 특유의 소스가 발라져 있어서 맛있다. 도착하자 붙임성 좋은 점원이 인사도 해주고, 같이 사진도 찍어줬다. 가격도 저렴하고 푸짐한 양에 맛도 좋다.

지하철을 타고 공항으로 가면 되지만, 어디로 가야 하는지 몰라서 지하철의 위치를 물어봤다.

5 **그 지하철**은 어디에 있습니까?

배 출발이 한 시간가량 남아 다시 모나스티라키 역으로 이동하는 중에 청포도와 배를 샀다. 유럽에서, 특히 그리스에서 과

4 Where is this?
웨어 리ㅈ 디ㅆ?
5 Where is the subway?
웨어 리ㅈ 더 썹웨이?

청포도와 독특한 모양의 배

거대한 항구에 끝없이 늘어선 배

일은 싼 편이다. 청포도는 1500원어치였는데 한 봉지 가득했다. 당도가 상당히 높아서 먹다 보면 물을 찾게 된다. 배는 한국에서 보던 배와 달리 작고 조롱박 같은 모양이지만 맛은 한국 배가 더 달고 시원하다.

지하철은 낡고 낙서도 많았다. 심지어 깨진 창문도 있었다. 한 개의 깨진 창문을 놔뒀을 때 다른 창문을 깰 때 마음을 편하게 해줘서 결국 엉망을 만든다는 깨진 유리창 이론이 생각났다.

7개의 역을 지나 배 출발 30분 전에 겨우 항구에 도착했다. 영화에서 나온 타이타닉처럼 거대하고 위협적인 배들 수십 척이 있었다. 너무 넓어서 어디로 가야 할지 감이 안 왔다. 30분 이내에 표를 바꿔서 탈 수 있을지 걱정이 됐다. 물어물어 운 좋게 발견한 항구를 이동하는 셔틀버스를 타고 매표소에 내렸다.

매표소도 여러 군데라 예약 티켓을 보여주며 물어봤다.

6 **그 매표소는** 어디에 있습니까?

표로 바꾼 뒤에 어떤 배인지 알기 어려워 다시 물었다.

7 **그 배는** 어디에 있습니까?

우리 배는 Anek 회사의 배였다. 워낙 큰 배라 흔들림도 없고, 객실은 아주 깨끗했다. 따뜻한 물도 잘 나오고, 방도 호텔급이었다. 이래서 연세가 있으신 분들은 크루즈 여행을 좋아하시는구나 싶었다. 내 방은 4인실이었는데 혼자서 쓸 수 있었다. 그리스의 배 예약은 ferries.gr/booking에서 할 수 있다(크루즈 여행은 크루즈나라 추천 cruznara.com).

6 **Where is the ticket office?**
웨어 리ㅈ 더 티킽 어피ㅆ?
7 **Where is the ship?**
웨어 리ㅈ 더 쉽(ㅍ)

하니아 항구로 가는 길의 고급 상점들

하니아 항구

크레타: 유럽의 몰디브가 있는 섬

항구버스-하니아 숙소버스-사마리아계곡배,버스
숙소렌터카-엘라포니시렌터카-숙소다른곳

새벽 5시에 크레타 섬에 도착했다! 도착했다는
방송 때문에 잠에서 깼다. 분명히 문을 잠
그고 잤는데, 일어나 보니 비어있던 침대
에서 남자 3명이 일어나서 내 이름을 부르
며 인사했다. 아마도 배의 선원인듯 했다.
배에서 내리는 중에 주믹스라는 기계
에서 오렌지를 껍질째 짜서 주었다. 이
100% 오렌지 주스는 내가 아는 오렌지
주스와 사뭇 다르다. 신선한 맛과 향에 잠
이 달아났다.

배에서 나오니 아직 캄캄했다. 차를 빌리
는 분들도 있고, 버스를 타는 분들도 있었
는데, 우리는 렌트할 수 있는지 몰라서 버
스를 탔다. 남은 여행을 잘할 수 있을지 걱
정 반 설레임 반으로 하니아 항구가 어디
인지 몰라서 물어봤다.

8 하니아 항구는 어디에 있습니까?

8 Where is Chania Port?
웨어 리ㅈ 하니아 폴트?

크레타는 미노타우르스(소인간)를 가두
기 위한 미로(크노소스 궁전)와 그리스인
조르바로 유명한 니콜스카잔차키스의 무
덤이 있는 곳이다.

출발 전에 호텔 직원에게 가는 방법을 물
어봤지만 버스에서 내리니 위치가 어딘
지 방향을 찾을 수 없었다. 어렵게 무료 와
이파이를 잡아 아이폰의 지도를 활용해
찾아갔다. 세련된 상점들 사이를 지나 숙
박소인 Vranas Studios에 도착했다. 숙박
소 근처의 하니아 항구는 오래된 항구인
데(현재는 항구 역할을 하고 있지 않다)
고풍적인 느낌에 낮에는 한산하고, 밤이
되면 사람들이 붐빈다.

도착하자마자 사마리아 계곡에 가기로
했다. 호텔 직원에게 가는 법을 물어봤다.

9 사마리아 계곡은 어디에 있습니까?

사마리아 계곡은 유럽에서 가장 긴 계곡
이며 약 17km 정도를 걷는데 4~5시간이

9 Where is Samaria Valley?
웨어 리ㅈ 사마리아 밸리?

호텔 위치 찾기

 호텔을 예약한 사이트에 보시면 호텔의 위치가 나와 있습니다. 하지만 호텔 위치가 지하철이나 기차역 근처면 찾아갈 수 있는데, 그 외에는 찾기가 어렵습니다. 그 경우 호텔의 이름을 구글에 검색해 보시면 웹사이트가 있는 경우가 많은데, 웹사이트에서 access나 location을 보시면 됩니다. 그곳에도 없으면 예약한 사이트에 호텔의 이메일로 연락해서 가시면 됩니다. 구글맵으로 장소를 미리 등록해놓으면 편리합니다.

보낸 이메일

Dear Vranas hotel manager,

We reserved a room in your hotel on 9/13.
(My name is Mike Hwang, I booked your hotel through booking.com)
We will go to Chania port by ferry(From greece21:00 to chania05:30)
How can we go to your hotel from the sea port?
우리가 어떻게 항구에서 당신의 호텔로 갈 수 있나요?
And we want to go to Samaria valley on 9/13.
How can we go to the Samaria valley from your hotel?

Thank you!!

Mike Hwang

받은 이메일

Dear Mike,

you can take the bus number 13 from the port to Chania town. The bus stops at the market hall. From there it is 3 minutes to us. I have attached a city map for your orientation.
항구에서 13번 버스를 탈 수 있어요. 그 버스는 마켓 홀(지붕이 있는 시장)에 정차합니다. 거기에서 여기까지는 3분 걸려요. 저는 당신의 방향을 알려주는 지도를 첨부했습니다.
There is a bus at 7:45 and 8:45 from Chania to the Samaria Gorge. The bus station is about 5 minutes from us. So you can leave your luggage at the reception in the morning, go for the gorge and check in when you come back..
Looking forward to seeing you in Chania!

Kind regards

Alexandra

사마리아 계곡 가기

 하니아의 버스터미널에서
7시 30분, 8시 30분에 출발하는 Omalos행 버스(왕복 14.3유로)를 타고
자일로스칼로(Xyloskalo) 협곡에서 하차합니다.

 입장료 5유로를 내고,
약 4시간을 걸어서 12.8km 가량 걸어온 뒤,

 공원 입구를 나와서 3.2km를 더 걷거나
소형 버스를 타면 아기아 루멜리(Agia Roumeli)까지 갑니다.

 아기아 루멜리에서 호라스파피온(Chora sfakion)행 보트를 탑니다(10유로).
(5시나 5시 반이 마지막 배이니 그 전에 도착해야 합니다.)

 하니아행 버스를 타고 하니아로 돌아옵니다.

goo.gl/wF54bk
사마리아 계곡으로 가는
버스 터미널 위치

사마리아 계곡의 특이한 식물들

아기아 루멜리를 떠나 다시 하니아로

걸린다. 특이한 것은 산 정상에서부터 내려오는 산행길이다. 내리막이라고 우습게 보면 큰코 다친다. 꽤 긴 길이기 때문에 중간중간 쉬면서 와야 한다. 약 5km 마다 약수터와 화장실이 있었다.

아침 7시 30분에 호텔에서 1km쯤 떨어진 곳의 버스를 타고 사마리아 계곡으로 향했다. 특이하게 그리스에서는 교통사고가 난 곳마다 마치 작은 무덤처럼, 사고당한 사람의 사진과 꽃, 푯대가 세워져 있었다. 사마리아 계곡 꼭대기에 도착하니 신선한 공기가 몸속을 씻어주는 듯 깨끗해지는 기분이었다. 멀리 거대한 산이 보였다. 옆의 작은 가게에서 뷔페나 음식을 사서 먹을 수 있게 되어있어서, 간단히 먹고 산행을 시작했다.

한국의 산들은 나무가 많지만, 그리스의 산들은 나무가 아주 적다. 그리고 흙길보다는 돌길이 많다. 식물도 처음 보는 모양과 색깔의 식물들이 많은데, 따뜻한 햇볕과 어울려 이국적인 분위기가 마치 영화 속 한 장면 같았다. 두 시간쯤 걷다 보니 화장실에 가고 싶었다.

10 **그 화장실은** 어디에 있습니까?

사마리아 계곡 밑까지 내려가는데 길을 잃지 않을지 걱정스러웠다. 다행인 점은 갈 수 있는 길이 거의 한곳이고, 모든 사람이 그 방향으로만 가기 때문에 길을 잃을 염려는 거의 없다. 혹시라도 다치거나, 기력이 부족해 못 내려 오시는 분들은 당나귀가 태우고 내려온다.

4시간쯤 걸어서 사마리아 계곡의 맨 밑에서 배를 타고 본섬으로 가야 했다.

11 **그 배는** 어디에 있습니까?

항구에 내리니 바로 앞에 버스가 많이 있었다. 왕복티켓을 샀기 때문에 올 때 썼던 티켓을 다시 보여주며 맞는 버스를 찾기 위해 물었다.

10 Where is the toiilet?
웨어 리즈 더 터일렡(트)?
11 Where is the ship?
웨어 리즈 더 슆(ㅍ)?

하니아의 낭만적인 야경

트립어드바이저 1위 타베르나에서 먹은 푸짐한 저녁

12 **그 버스**는 어디에 있습니까?

버스를 타니 해가 지고 있었다. 하니아로 돌아와서 숙소를 물어보니 3층이었다. 지친 몸으로 3층까지 대형 캐리어를 끌고 힘들게 올라갔다.

방에 들어가 보니 그리스 전통 사탕이 선물로 놓여있고 침대에는 장미잎을 뿌려져 있었다. 방은 6명이 써도 될 정도로 넓고, 창문을 열면 멀리까지 보이는데, 반대편의 하얀 건물과 바다가 낭만적이었다.

트립어드바이저를 사용해서 맛집을 검색했다. 295개의 음식점 중에 Tavern Strata가 1위여서 찾아갔다.

아이폰의 지도를 보고 찾아보지만 찾기 어려워서 지도를 보여주며 물어봤다.

13 **그 식당**은 어디에 있습니까?

예쁜 꽃이 피어있는 골목골목을 올라가면 음식점이 있다. 이 음식점은 야외와 실내에 자리가 있는데, 야외가 인기가 더 좋

다. 천장이 뚫려있는 대신에 포도가 주렁주렁 열려있었다. 레스토랑은 만원이어서 우리 차례를 기다렸다. 자리에 앉아 추천해준 2인분 세트를 시키고 기다리는데, 술(우조)과 버터, 그리고 빵이 나왔다. 우조는 포도 껍질로 만든 술로 그리스 대부분의 음식점에서 식사 전에 준다. 맛은 소주랑 비슷하지만, 소주보다 덜 독하고, 달고, 신선하고 부드러운 느낌이었다.

2인 세트가 나왔는데 그 양이 4명이 먹어도 남을 정도였다. 맛은 말할 필요도 없다. 고양이 한 마리가 우리 곁에 오길래 점원 눈치를 보며 몰래 음식을 조금 나누어 줬다.

그리고 카드로 계산하려고 하는데, 카드는 받지 않는다고 했다. 가격은 30유로인데 현금은 19유로밖에 없었다. 어쩔 수 없이 아내를 가게에 맡겨두고, 홀로 ATM을 찾아 헤맸다. 힘들게 찾은 ATM에서는 사

12 Where is the bus?
웨어 리ㅈ 더 버쓰?
13 Where is the restaurant?
웨어 리ㅈ 더 뤠ㅅ터랑트?

마티즈를 무료로 업그레이드 해서 빌린 차

걸어서 갈 수 있는 엘라포니시 섬

용할 수 없는 카드라고 나왔다. 자칫하면 여행을 시작하기도 전에 식당에서 일하다가 끝날지도 모른다는 생각이 들었다. 다시 멀리 편의점에 가서 돈을 뽑아서 저당 잡힌 아내를 찾아왔다. (현금인출기 사용법 p.92)

다음 날 아침 성당의 종소리에 잠이 깼다. 출발하기 전에 차 렌트를 약속했기에 빌려주시는 분과 대화를 했다. 친구분이 한국의 조선소에서 일하고 있다며 반갑게 우리를 맞아주었다. 마티즈를 대여했는데 무료로 차도 업그레이드해줬다. 감사한 마음으로 금액을 지불하고 차의 위치를 물어봤다.

14 그 차는 어디에 있습니까?

막상 차를 보니 차가 30년도 더 되어 보이는 차였다. 요새 차들은 모두 기본으로 장착된 파워 핸들이 없어서 핸들은 뻑뻑하고, 걸핏하면 시동이 꺼졌다. 내가 골목길을 나가려다가 시동이 몇번 꺼지고 옆차

에 살짝 닿은 순간, 참다못한 아내가 자신이 운전하겠다고 나섰다. 이 차는 업그레이드가 아니라 다운그레이드인 것 같다. 지금 생각하면 빌리는 값보다 중고로 사는 값이 저렴했을 것 같다. 그 차로 비행기에서 우연히 만난 러시아인(남자친구가 그리스인이라서 그리스에 자주 온다고 했다) 추천해 준 엘라포니시로 향했다.

15 엘라포니시는 어디에 있습니까?

그리스 신화의 신들은 크레타에 살았다고 하는데, 크레타의 나무들은 한국의 가로수에 비해 3배로 크고, 산들도 뾰족하기보다는 거대해서 마치 대인국에 온 소인이 된 기분이다. 광각렌즈로도 담기 어려웠다. 오렌지 나무와 올리브 나무가 이어지는 이국적인 길에서 잠시 내려서 사진을 찍고 엘라포니시(해수욕장)에 도착했다.

엘라포니시에 오기 전까지는 바다가 그렇게 푸르고 예쁜 빛을 띨 수 있는지 몰랐

14 Where is the car?
웨어 리ㅈ 더 카알?

15 Where is Elafonisi?
웨어 리ㅈ 엘라퍼니씨?

도로변에서 수제 올리브유를 팔고 계시는 분

얼굴 모양을 한 블루비치(호텔)의 의자

다. 시원하고 달콤한 향에, 물의 높이는 허벅지에서 허리 정도여서 놀기도 좋다. 그 정도 높이의 물을 약 500m 정도 걸어가면 작은 섬이 있었다. 섬으로 걸어가는 느낌이 새로운 세상으로 떠나는 것 같았다. 섬에는 특이한 식물들이 많았다. 그렇게 두 시간, 가을인데도 햇빛이 따가웠다. 피부가 많이 타서 동남아인 같다고 여행 내내 아내가 장난쳤다.

아시아인은 우리뿐이었는데, 아이들을 마주칠 때면 아이들의 눈에서 놀라움과 두려움, 호기심이 느껴졌다. 이 책을 쓰지 않았다면 끝까지 우리만의 비밀 장소로 숨겨두었을 것이다.

엘라포니시에서 해수욕을 즐기고, 오는 길에 20년째 수제 올리브유를 만드는 가족이 대로변에서 올리브유를 팔고 있어서 하나를 샀다. 이 올리브유는 특이하게 올리브유만 있는 게 아니라 페퍼론치노

(유럽의 청양고추)를 비롯한 각종 허브가 같이 들어있어서 요리하기 편리하다.

하니아로 돌아와서 저녁을 먹고, 스타브로스로 가기 위해 나섰다.

아이폰 GPS를 내비게이션으로 사용했는데, GPS 내용이 이상해서 빙글빙글 돌다 보니 아내가 화를 냈다. 결국 내가 대신 운전하며 블루비치빌라의 위치를 물어봤다.

16 블루비치 빌라는 어디에 있습니까?

12시가 넘어서 주인분은 퇴근했고, 리셉션에서 쪽지를 보고 배정받은 숙소로 갔다. 늦은 밤이었지만 아직 활기차 보이는 숙소였다. 대부분은 젊은 사람들이 끼리끼리 온 듯했다.

아침에 보니 넓은 수영장도 있어서 친구들끼리 놀러 오면 좋을 것 같다. 무엇보다 푸짐하고 맛있는 아침 뷔페가 좋았다. 예쁜 장식물들이 많아서 사진 찍기도 좋았다.

다음 날은 깔끔한 그 옆 숙소(Nanakis

16 Where is Blue Beach Villa?
웨어 리즈 블루 비취 빌러?

나나키스의 호텔에서 본 바다

이국적인 아기아 트리아다 신전에서

Beach Luxury Apartments)로 이동했다. 이곳도 바다가 보이는 실외수영장이 있는데, 우리 숙소 앞에 있어서 꼭 풀빌라에 온 것처럼 여유롭게 시간을 보낼 수 있었다. 아껴뒀던 마지막 햇반을 꺼내 고추장과 먹으니 꿀맛이었다. 저녁 식사가 걱정돼서 주인분께 물어봤다.

17 그 식당은 어디에 있습니까?

주인분께서 알려주겠다고 하시고는, 한 시간 뒤에 저녁에 파티에 초대해주셨다. 파티에 가니 다양한 국적에서 온 사람들이 있었다. 절반 이상이 그 숙소에 매년 오시는 분들로 화기애애한 밤을 보낼 수 있었다. 우리의 결혼과 신혼여행 이야기는 인기가 좋았다. 한 분은 크레타에 20번 넘게 오신 아일랜드 아저씨(림, 역사적인 이유로 영국인이라고 하면 싫어하신다였)는데, 내일 그리스인들이 주로 주말에 가는 곳에 갈 생각인데 같이 가겠냐고 하셔서

일정을 변경했다.

스타브로스의 나나키스는 아주 아름다워서 주인아저씨가 허니문을 어디로 다녀오셨는지 궁금해졌다. 여쭤보니 하니아 항구로 다녀왔다고 하셨다.

다음날 새벽, 파티에서 소개받은 아기아 트리아다 신전에 갔다. 아이폰의 내비게이션이 이상하게 길을 가르쳐줘서 비포장 길로 한참을 들어갔다가 다시 나와서 빙 돌아서 물어물어 갔다.

18 신전은 어디에 있습니까?

도착해보니 깊은 숲 속에 있는 비잔틴 양식의 신전은 유럽의 다른 신전들과는 완전히 다른 모습이었다. 다른 신전들은 회색, 하얀색의 조용하고 인위적인 느낌이라면, 이곳은 주황색에 자연 친화적이다. 성당보다는 절에 가까운 느낌이랄까.

이곳은 자체 생산하는 올리브유가 유명하다. 아침 예배 때였지만 사람들은 회당

17 Where is the restaurant?
웨어 리즈 더 레스터랑트?

18 Where is the temple
웨어 리즈 더 템플?

도로를 뚫고 자란 나무 아래에서 림아저씨 부부

이라클리온 항구 근처의 숙소

말고는 별로 없었다. 열심히 숨어서 사진을 찍는데, 갑자기 바로 옆에 사람만한 큰 종이 치기 시작해서 놀래서 내려왔다.

오후에는 림 아저씨를 따라 꼬불꼬불한 숲길을 지나니 산 중턱에 식당과 교회가 있었다. 거기에서 양고기를 사주셨는데 음식에 말벌이 자꾸 달라붙었다. 혹시나 쏠까봐 신경 쓰였지만 참 맛있었다. 방목해서 기른 양고기여서인지 양 특유의 비린내도 없었고, 식전에 나오는 요거트가 정말 맛있었다. 식후에는 후식으로 커피도 나왔는데, 후식 문화는 그리스에 없다가 외국에서 들어온 것이라고 한다.

산을 좀 더 올라가 도로를 뚫고 자란 나무에서 기념사진을 찍고, 림 아저씨와 헤어져서 이라클리온으로 향했다.

19 **이 호텔**은 어디에 있습니까?

고속도로를 따라가면 한동안은 아주 멋진 (나중에는 지겨워지는) 해변이 이어지는

데 밤늦게 11시쯤 겨우겨우 도착했다.

이 숙소(Prince of Lillies)은 가격도 싸고, 항구에서 가깝고, 조식도 무료로 줬다. 재미있는 점은 1층에 식당이 있는데, 노래하시는 남자분(오묘한 음악의 느낌을 보니 아마도 그리스의 트롯트 같다)이 있고, 서빙하는 여자분도 계셨는데 흥이 오르자 춤을 췄다. 모든 것이 자연스럽고 편안했다.

다음날 아침에 항구 근처에 차를 세우고 운전석 발판 밑에 키를 넣고 문을 닫았다. 그리고 혹시 몰라 사진을 찍어서 빌려주신 분께 보냈다. 다음에는 업그레이드하지 마시고 그냥 마티즈로 부탁할께요.

항구에서 산토리니행 표를 사려고 했다.

20**그 매표소**는 어디에 있습니까?

배를 타면 산토리니까지는 2시간 걸린다. 작은 배라 덜컹거려서 조금 뱃멀미가 날 즈음에 도착했다.

19 Where is this hotel?
웨어 리ㅈ 디ㅆ 호텔?

20 Where is the ticket office?
웨어 리ㅈ 더 티킽 어피ㅆ?

절벽에 있는 도시 피라

화산섬과 와인이 있는 선셋 크루즈

산토리니: 별이 내리는 밤
아니티오스 항구렌터카-피라선셋 크루즈-피라렌터카이아 숙소렌터카-피라 박물관렌터카-와이너리렌터카-모노리토스 공항

산토리니에 도착하면 앞에는 가파른 절벽이 있는데 차를 대여해서 이동해야 한다. 크레타가 제주도의 4.5배의 크기라면, 산토리니는 제주도의 1/20으로 아주 작은 섬(가로 12km x 세로 18km)이다.

뜨고 있는 신혼 여행지인 산토리니는 절벽에 있는 마을로, 옹기종기 몰려있는 집들은 대부분 하얗고 푸른색이다(군사정권 때 있었던 하얀색과 푸른색으로 페인트를 칠하라는 법 때문이다). 산토리니는 피라와 이아, 카마리 등으로 나뉘어있는데, 먼저 피라로 이동했다.

21 **피라**는 어디에 있습니까?
피라 꼭대기에서 내려오는 방법은 3가지인데 1.나귀 2.케이블카 3.도보이다. 우리는 멀지 않은 길이라 도보를 선택했는데, 나귀 똥이 너무 많아서 똥을 안 밟고는 이동하기 힘들 정도였다. 보통은 내려올 때는 케이블카를, 올라올 때는 당나귀를 이용한다. 내려와서 화산섬에 가는 배를 타고 싶어서 유람선 패키지를 찾았다.

22 **그 선셋 크루즈**는 어디에 있습니까?
크루즈를 타고 화산섬에 가서 우주의 행성 같은 검은 땅을 오른 뒤, 다시 배를 타고 온천수에 가서 수영하는데, 다들 이 때를 기다렸다는 듯 수영복을 준비해왔다. 물이 깊어 발이 땅에 닿지 않고, 약 50m 정도 헤엄쳐서 가야 온천이 있는 곳에 도달할 수 있다. 아내는 수영을 잘 못해서 혼자 다녀왔다. 돌아오는 길에 무료 와인도 한잔하고, 크루즈를 타고 일몰을 봤다. 생각보다 빨리 지는 해에 아쉬움을 뒤로하고 다시 피라 항구로 돌아왔다.

항구 앞에서 나귀를 타고 올라가라며 강남스타일 춤 비슷한 몸동작에 '동키, 동키'

21 Where is Fira?
웨어 리즈 피라?

22 Where is the Sunset Cruise?
웨어 리즈 더 썬쎝(ㅌ) 크루우즈?

피라와 이아를 오르내릴 때 타는 당나귀

일몰이 아름다운 이아

를 외치는 권유에 나귀를 탔다. 늦은 밤에 아찔하고 가파른 절벽을 올라가는데, 흔들거리는 나귀의 등 위에서 밤하늘에 빛나는 별이 머리 위로 쏟아졌다. 산토리니 여행에서 가장 행복하고 아름다운 경험이었다. 기념으로 당나귀의 방울을 사서(goo.gl/U6zMMF) 숙소로 이동하는데, 산토리니에는 가로등이 거의 없어서 차의 헤드라이트만 보였다. 절벽에서의 기분을 잊지 못해 숙소(Pelagos Oia)에 와서도 한참 동안 밖의 의자에 누워서 별을 봤다. 마음에 담기에도 벅찰 정도로 수많은 별이 반짝였다. 달이 뜨지 않은 날이라 더 많이 보였다. 다음날 일어나 맛있는 조식을 먹고(요거트가 정말 훌륭했다), 숙소에서 계획했던 셀프 웨딩 촬영을 했다. 그리스의 숙소나 관광지가 스튜디오 못지않게 아름다우므로, 미니 드레스나 원피스를 갖고 가는 것을 추천한다.

낮에는 이아에서 점심을 먹고 일몰을 보러 갔다. 일찍 갔지만 좋은 자리라고 할만한 데는 이미 사람들이 다 자리 잡고 있었다. 다음날 산토리니 공항으로 이동하는 중에, 와이너리에 가서 와인이 만들어지는 과정을 봤다. 3가지 와인을 시음했다. 다양한 고급 와인을 맛볼 수 있어서 좋았다. 공항에서는 우조(술)를 큰 병으로 샀는데, 점원이 중국인들과 싸우느라 포장을 제대로 안 해줘서 비행기를 탈 때 반입이 금지된다고 쓰레기통에 버렸다. 여행 내내 주로 식빵을 먹다 보니 마땅한 소스가 없었는데, 그리스의 차지키 소스 (p.75)는 빵에 발라먹기 참 좋았다. 차지키를 사고 싶은데, 쉽게 상한다고 해서 살 수 없었다. 원래 산토리니에서 로마로 직행하는 비행기가 있는데, 성수기가 아니라 아테네를 경유해서 로마로 갔다.

차지키Tzatziki 만들기

차지키는 그리스 요리에 많이 쓰이는데요.
빵에 발라먹거나 생선요리의 소스로 쓰면 맛있습니다.

재료
오이 2개, 플레인 요거트 250g, 다진 마늘 3쪽, 올리브 유 2
작은술, 소금 2작은술, 레몬 반개, 딜 잎 1큰술

'딜'은 구하기가 조금 어렵습니다. '딜'은 그리스에서 많이 쓰이는 향신료인데, 기왕이면 생딜을 쓰는 게 좋고(허브
올herb-all.co.kr에서 팝니다.) 아니면 말린 딜을 넣어도 됩니다. 요거트는 당분이 들어가지 않은 것이 좋습니다. 걸
쭉한 그릭요거트가 좋은데 가격이 비쌉니다.

오이를 씻어서 껍질을 벗기고, 숟가락으로
긁어서 오이씨를 다 빼냅니다. 오이씨가 있
으면 물이 많아서 소스로 쓰기 어렵습니다.

오이를 다져서, 소금을 2작은술 넣어서 섞어
놓고 30분 정도 기다리면 삼투압 현상 때문
에 물이 나옵니다.

오이에서 나온 물을 버린 뒤, 요거트, 다진 마
늘, 올리브유, 레몬즙, 다진 딜을 넣습니다.

넣은 재료를 섞으면 차지키가 완성됩니다.
기호에 따라 마늘과 올리브유는 더 넣으셔
도 좋습니다. 소금을 조금씩 넣으면서 간을
봅니다.

펠라고스 이아의 방

시간을 물을 때

When is (the) <u>time</u>?
웬 이ㅈ (더) <u>타임</u>?

점심은 언제입니까?

When is the lunch?
웬 이ㅈ 더 런-취

그 공연은 언제입니까?

When is the show?
웬 이ㅈ 더 쑈우

마지막 (음식)주문은 언제입니까?

When is the last order?
웬 이ㅈ 더 라ㅅㅌ 오럴?

마지막 기차는 언제입니까?

When is the last train?
웬 이ㅈ 더 라ㅅㅌ 트뤠인?

닫히는 시간은 언제입니까?

When is the closing time?
웬 이ㅈ 더 클로우징 타-임

열리는 시간은 언제입니까?

When is the opening time?
웬 이ㅈ 디 어ㅍ닝 타-임

출발 시간은 언제입니까?

When is the departure time?
웬 이ㅈ 더 디팔춰 타-임

(항공기에) 타는 시간은 언제입니까?

When is the boarding time?
웬 이ㅈ 더 보올딩 타-임

시간을 알려줄 때 '시간, 분'의 순서로 말해줍니다.
1시 30분은 one thirty원 써리, 12시 20분은 twelve twenty트웰ㅂ
트웨니입니다. 30분을 Half해ㅍ/하ㅍ라고 말하기도 합니다.
참고: 영어로 숫자 읽기 p.158

이탈리아

² How much is it?

베니스의 부라노

가격을 물을 때

How much is(/are) it(/these)?

하우 머-취 이즈(/얼) 잍(트)(/디즈)?

그것은(이것들은) 얼마 입니까?

http://goo.gl/ziVDEx

Tip
위 문장의 빈칸에 한 개나 셀 수 없는 것을 쓸 때는 is를,
여러 개를 쓸 때에는 are를 씁니다.
여러 개인 경우에는 단어 뒤에 's'를 붙여야 합니다.(예: book**s**, ticket**s**)
그것은 it, **이**것은 this, **저**것은 that을 씁니다.
그것**들**은 they(또는 them), **이**것들은 these, **저**것들은 those를 씁니다.

관련 단원
<4시간에 끝내는 영화영작: 응용패턴> 12단원

기본 어휘

how하우 얼마나, 어떻게

much머취 (양이) 많은

it잍(ㅌ) 그것은, 그것을

is이즈 ~한 상태모습이다

are얼 ~한 상태모습이다

장소

ATM에이티엠 현금 인출기

bus stop버쓰 스탑 버스 정류소

laundry room런드리 룸 빨래방

lift리프트 리프트

you유 당신은, 당신을

1.방향

this디쓰 이(것)

that댙(ㅌ) 저(것)

it잍ㅌ 그것은, 그것을

these디즈 이(것들)

those도즈 저(것들)

기타

many매니 (수가) 많은

long렁 긴

stay스테이 머물다

2.대상

show쑈우 공연

ticket티킽(ㅌ) 표

가는 방법

by bus바이 버쓰 버스로

by train바이 트레인 기차로

on foot온 풑(ㅌ) 걸어서

옐로우 호스텔 입구 (출처: .hostelz.com)

호스텔에서 4000원 주고 먹은 무한 파스타와 볶음밥

로마: 유스호스텔의 충격

호스텔지하철-베드로 성당 투어지하철
호스텔지하철-콜로세움도보-진실의 입지하철-가이
드(스페인광장-트레비분수-콜로세움)지하철-숙소

딱딱한 얼굴, 사무적인 대답. 그리스에서의 환대 때문이었을까. 이탈리아의 첫인상은 불편했다. 빨리 출근해야 될 것 같은 사람들 틈에서 탈출하듯 비행기에서 내렸다. 주변 분들이 유럽의 다른 곳은 생각보다 별로인데, 로마만큼은 한 번쯤 가보라고 말씀하셨다. 그 이유는 로마는 거의 도시 전체가 유네스코 세계문화유산으로 지정되어 있다고 해도 과언이 아닐 정도로 옛 모습이 잘 보존됐기 때문이다.

로마는 숙박비가 비싸서 테르미니 역에 내려 유스호스텔로 갔다. the yellow였는데, 로마 유스호스텔 중에 점수가 가장 높았다.

도착하니 대학생들이 넘쳐나서 체크인하는데 30분을 기다렸다. 좋은점은 1층 라운지에서 다양한 맥주가 싸고, 저녁에는 4천 원에 무한 피자와 스파게티, 볶음밥도 먹을 수 있었다.

1 **그것은** 얼마인가요?

방은 8명이 같이 쓰는 곳이었는데, 아주 더러웠고, 샤워실과 화장실도 공동으로 써야 하는 곳이었다. 샤워실은 간이 화장실처럼 칸이 쭉 이어져 있는 곳인데, 젖지 않게 한다고 옷을 걸지만, 비좁아서 옷에 물이 묻어 샤워해도 찝찝했다.

10년 전에 혼자, 혹은 동성 친구랑 왔다면 최고의 사교장이었겠지만, 커플로 온 지금은 여러모로 불편했다.

근처의 유료 빨래방에 빨래를 맡겼다.

2 **빨래방은** 어디에 있나요?

다음날 가이드를 따라서 바티칸 안에 있는 미술관을 관람했다. 보통 몇 시간을 기다려서 들어가야 하지만, 다행히 일찍 간 덕분에 30분 정도 기다려서 들어갔다.

1 How much is it?
하우 머취 이ㅈ 잍(ㅌ)?
2 Where is the laundry room?
웨어 리ㅈ 더 런드리 룸?

바티칸 박물관의 작품이 빽곡한 천장

베드로 성당에서 내려본 로마

대부분 르네상스 시대의 작품들인 점은 아쉬웠지만, 대영박물관보다도 인상에 남을 정도로 고급스러운 작품들이 많았다. 미술관 끝의 시스티나 성당 천장에는 미켈란젤로의 유명한 작품인 천지창조가 있다. 다른 작품은 촬영이 가능한데 천지창조는 촬영하지 못한다.

그리고 베드로 성당의 꼭대기를 향해 열심히 320계단을 올라갔다. 엘리베이터를 타지 않으면 총 551계단으로 생각보다 힘들다. 점점 좁아지는 통로를 거치면 꼭대기에 올라갈 수 있다. 올라가면 열쇠모양의 로마 시내가 훤히 보였다. 로마에서 모든 건축물은 베드로 성당보다 높게지을 수 없다고 한다. 내려올 때는 올라갔던 길처럼 느껴지지 않을 정도로 힘들지 않았다.

이탈리아에서 가장 맛있는 음식은 젤라또 아닐까 싶다. 생과일을 원료로 한 다양한 고급 아이스크림을 곳곳에서 팔고 있는데 가장 유명한 곳은 3군데(올드브릿지, 파시, 지올리띠)이다. 올드브릿지와 지올리띠에서 먹어 봤는데, 달콤한 과일과 부드러운 식감을 아내가 좋아했다.

● 혹시 한국에서 드시고 싶다면, 빨라쪼(palazzo) 매장(서울역에도 하나 있을 정도로 곳곳에 있습니다)을 찾아가시면 이탈리아에서와 비슷한 젤라또를 드실 수 있습니다.

가장 유명한 맛은 쌀이 톡톡 터지는 아이스크림인 '리조'이다. 리조를 가리키며 물어봤다.

3 **저것**은 얼마인가요?

다음 날 저녁에는 시내 가이드를 신청해서 스페인광장에서 사람들을 기다렸다. 기다리는 동안 사잇길로 내려가 보는데,

3 How much is that?
하우 머취 이즈 댓트?

동전으로 많은 수입을 올리고 있는 트레비 분수

거짓을 말하면 손이 잘리는 진실의 입

길가에 명품 판매장들이 있었다. 이탈리아의 특산품은 패션 관련 물품과 가죽인데, 싸다고 아무거나 사면 중국산 물품을 사게 될 수도 있다.

가이드와 함께 트레비 분수에 가는데, 트레비 분수에 동전을 던지면 다시 로마에 올 수 있다고 한다. 두 번 던지면 사랑을 이뤄주고, 세 번은 이혼하게 된다고 한다. 가끔 불륜으로 이탈리아에 오신 분들은 세번 던진다고 한다.

다음날 콜로세움에 가서 입장권을 샀다.

4 그 표는 얼마인가요?

콜로세움 내부는 생각보다 복잡해서 빙글빙글 돌았다. 볼 건 많지 않아서 가이드를 듣지 않은 것을 후회했다.

콜로세움 건너편에 포로로마노에 가서 천천히 산책하고, 걸어서 진실의 입으로 갔다. 입에 손을 넣고 거짓말을 하면 손이 잘린다고 한다. 진실의 입에 도착하니 줄

이 길었는데 다행히도 우리까지는 들어갈 수 있었다(겨울 4:50, 그 외 5:50 종료). 다음 날은 시간 맞춰 판테온에 가서 천장에서 내려오는 빛을 보고, 3대 젤라또중 하나인 Giolitti를 물어물어 찾아가서 젤라또를 먹고 나폴리행 기차를 탔다.

5 두 장은 얼마인가요?

로마의 기차는 저가로 예약할 수 있는 게 많으므로 미리 예약만 한다면 유레일 패스를 쓰는 것보다 싸게 여행할 수 있다. 우리는 2명에 18유로(약 3만 원)에 로마-나폴리를 예약했다.

이탈리아에 오면 대부분 폼페이와 나폴리는 들르는데 로마에서 당일치기하는 경우가 많다. 그런 이유에는 나폴리의 치안이 좋지 않아 위험하다는 말이 많은데, 우리는 나폴리 숙박비가 로마에 비해 싸고, 카프리에 꼭 가기로 했기 때문에 2박을 예약했다.

4 How much is the ticket?
하우 머취 이ㅈ 더 티킽(ㅌ)?

5 How much are two tickets?
하우 머취 얼 투 티킽ㅊ?

푸른 동굴의 입장료와 뱃삯

푸른 동굴로 들어가는 입구

나폴리: 갱단의 마르코 아저씨(?)

로마기차-나폴리택시-호텔택시-항구배-아나카프리
버스-푸른 동굴버스-아나카프리케이블카-카프리배-
소렌토기차-폼페이기차-나폴리버스-숙소

여행 중에 700m 정도는 걸어가지만, 1km
가 넘는 거리(도보로 약 15분)는 캐리어
를 끌고 가기에는 힘들어서 버스나 택시
를 탔다. 나폴리에서는 출발 전에 찾아가
는 방법을 알려 달라고 이메일을 드렸는
데 답장이 없어서 택시를 탔다. 택시 요금
을 물어봤다.

6 **그것은** 얼마인가요?

약간의 바가지요금을 받은듯했다.

숙소의 입구는 철문으로 닫혀 있었다. 옆
의 초인종을 눌러서 문을 연 뒤에 숙소로
올라가 보니 주인아저씨께서는 영어를
전혀 못 하셨다. 인쇄해온 예약증서를 드
리고 열쇠를 받아 방에 갔다.

다음 날 아침 일찍 푸른 동굴에 가려고 항구
에서 카프리 섬으로 향하는 배를 예약했다.

6 How much is it?
하우 머취 이ㅈ 잍(ㅌ)?

7 **두 장은** 얼마인가요?

카프리 섬에 내려보니 아침 일찍이라 관
광객이 거의 없어서 한적했다. 항구 옆의
아나카프리로 가는 버스를 탔다.

아나카프리에 내리니 꽃들로 장식된 집
들이 아름다웠다. 우리를 반겨주는 강아
지와 잠시 놀다가 푸른 동굴을 보기 위해
헤어졌다. 이곳에서 산책하며 섬을 둘러
보는 것만으로도 좋을 것 같았다.

다시 버스를 타고 푸른 동굴로 향했다. 예
전에 전쟁 때 군인들이 숨어있던 동굴이
라고 한다. 푸른동굴은 바닷물이 올라와
있을 때는 들어갈 수가 없고, 낮은 때에는
들어갈 수 있다. 그날은 운 좋게 들어갈 수
있는 날이었다. 뱃삯을 주고 동굴에 들어
가는데, 아저씨가 10유로를 더 주면 10분
더 있어주겠다고 하서서 드렸는데, 그 돈
이 전혀 아깝지 않았다.

동굴의 입구가 작기 때문에 몸을 눕혀야

7 How much are two tickets?
하우 머취 얼 투 티킽ㅊ?

리프트에서 내려다본 카프리

소렌토에서 먹은 가지 스파게티(정확히는 페투치니)

했다. 들어가면 동굴 입구의 매혹적인 푸른 빛으로 바다가 보석처럼 빛났다. 그 시간은 잠시 스치는 생각처럼 짧았지만, 시간과 공간을 압도하는 푸른 빛은 오랫동안 머릿속에 맴돌았다.

8 **그 리프트**는 얼마인가요?

카프리에서 리프트를 타면 전망대인 몬테솔라로(monte solaro)로 올라갈 수 있다. 몬테솔라로의 절벽에서 내려다보는 바다는 광고에도 많이 나왔다. 이곳의 햇빛은 바다에 반사되어 왠지 더 밝게 비추는 느낌이었다.

카프리의 특산품인 레몬술을 사기위해 레몬술 2병을 가리키며 가격을 물어봤다.

9 **이것들**은 얼마인가요?

카프리에서 폼페이로 가는 법을 보니 소렌토를 거쳐 가는 게 빨랐다.

소렌토에서 엘리베이터를 타고 올라가면 아기자기한 마을이 있는데, 광장과 레스

토랑이 휴양지의 느낌이었다. 경찰분께 가장 맛있는 식당을 소개받아 스파게티를 먹었는데 조금 짰다. 이탈리아 요리는 대부분 한식보다 짠 편이고, 짤 경우에는 와인을 곁들여서 먹는다.

기차를 타고 폼페이 유적지를 돌아보고, 돌아오는 길에 버스를 탔는데 어디에서 내리는지 잘 몰라서 버스에 앉아 계신 이탈리아분께 영어로 물어봤다. 영어를 전혀 못하시는 분이었는데, 버스에서 같이 내려서 직접 숙소까지 데려다주셨다. 그리고나서 우리에게 시간이 있냐고 물으시더니, 근처 카페에서 에스프레소를 사주셨다.

> ● 이탈리아에서 에스프레소는 카페라고 부르며, 싸고(1.5유로~2유로: 약 2천~3천원) 맛있습니다. 대부분 설탕을 섞어서 마십니다. 이탈리아식 커피는 한국의 매장 중에 파스꾸찌를 추천해드립니다.

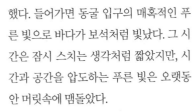

8 How much is the lift?
하우 머취 이ㅈ 더 리프트?
9 How much are these?
하우 머취 얼 디ㅈ?

푸른동굴Grotta Azzurra 가기

나폴리 중앙역에서 택시나 Alibus를 타고 나폴리 선착장으로 갑니다.

선착장에는 카프리행(Marina Grande마리나 그란데) 배를 탈 수 있는 곳이 두 군데인데, Molo Beverello(고속 50분), 아니면 Molo Calata di Massa(일반속도 60분이나 90분)을 탑니다.

마리나 그란데에 내리면 배를 타고 푸른 동굴(Grotta Azzurra 그로타 아주라)로 바로 갈 수도 있고,(왕복 6유로), 버스(1.8유로)를 타고 아나카프리(Anacapri)로 간 뒤(15분), 다시 버스를 갈아타고 푸른 동굴로(10분) 갈 수도 있습니다.

신비로운 푸른동굴

여러 도움을 주신 마르코 아저씨와 함께

물의 도시답게 폭우로 반겨준 베니스

시간이 얼마나 있냐고 하셔서, 다음날 떠나야 된다고 하니, 나폴리의 진짜 모습은 올라가서 내려봐야 하는데 못 볼것 같다며 도보로 나폴리를 가이드 해주셨다. 반짝이는 불빛이 반사되는 나폴리 해변을 걸으며 젤라또도 사주셨다. 나폴리는 세계 3대 미항 중 하나이다.

저녁은 피자집에 가서 마르게리따를 한 사람당 한 판씩 3판을 사주셨는데 다 먹지 못했다.

10 이것들은 얼마입니까?

말이 하나도 안통하는데 어떻게 의사소통했는지 지금 생각하면 참 신기하다. 도보로 이동할 때 차가 쌩쌩 다니는 찻길을 거침없이 건너셔서, 갱단이나 갱 관련하시는 분은 아닐까 싶었다. 나중에 메일로 베니스 근처의 은행에서 일한다고 하셨다. 나폴리의 일상과 항구의 빛나는 밤을 선물해 주셔서 감사했다.

10 How much are these?
하우 머취 얼 디ㅈ?

베니스: 유료 화장실의 아픈 추억
숙소버스-베니스바포레토-무라노
숙소버스-베니스바포레토-부라노바포레토-베니스버스

뱃길로 집과 집 사이를 이동하는 물의 도시 베니스. 도착하자마자 산타루치아 역에 짐을 맡겨놓고 나왔다. 대부분의 큰 역은 짐 맡기는 곳이 있다. 무인 락커(Coin Locker)가 있는 경우도 있고, 아니면 짐 보관소가 있다. 보관소의 경우 사용 가능 시간이 정해져 있기도 하니 주의해야한다. 이곳은 직접 맡기는 곳이라 가격을 물어봤다.

11 그것은 얼마입니까?

역에서 나오는데 비가 엄청나게 쏟아졌다. 발이 잠길 때, 한 명이라도 살리고 보자 싶어서 아내를 업고 다녔는데 금세 비가 그치고 해가 떴다. 베니스는 겨울철에 비가 오면 무릎까지 물이 차오를 정도로 많이 온다.

간단하게 저녁으로 케밥을 먹고 숙소

11 How much is it?
하우 머취 이ㅈ 잍(ㅌ)?

베니스의 이동 수단인 바포레토

랜드마크인 산 마르코 광장과 성당

(Camping Village Jolly)로 향했다. 베니스의 숙소는 비싸서, 조금 떨어진 곳에 숙소를 잡았다. 꽤 큰 숙소였는데, 컨테이너 박스를 마치 캠핑카처럼 만든 방이 약 100개가량 있는 곳이다. 거의 매일 밤 파티가 열리고, 매일 베니스와 숙소 사이를 오가는 무료 셔틀버스가 있었다.

첫날은 셔틀버스가 어디에 서는지 몰라서 일반버스를 타기 위해 물어봤다.

12 그 버스 정류소는 어디입니까?

버스에는 사람이 꽉 찼다. 큰짐과 가방을 메고 타기가 미안할 정도였다.

급하게 버스에서 내리는데 아내가 빠져나오지 못하고 나만 빠져나왔다. 그런데 바로 문이 닫히고 버스가 출발했다. 아내를 놓치면 다시 찾기까지 며칠이 걸릴지 모른다. 달리는 버스를 열심히 두드려서 겨우 세우니 아내가 나왔다. 저녁 늦게 한참을 걸어서 숙소에 도착했다.

베니스는 지역과 지역 사이를 배(바포레토)로 이동하는데, 꼭 새로운 세상에 온 기분이었다. 시장의 과일은 신선하고, 길 사이사이로 고급 상점들도 많았다.

리도 섬에는 해변도 있고, 유리공예로 유명한 무라노와 원색의 건물들로 예쁜 마을인 부라노도 있다. 무라노에서 부라노는 멀지 않지만, 우리는 시간이 맞지 않아서 따로 갔다.

산 마르코 광장에서 출발해서 무라노에 먼저 갔다. 유리로 만든 기념품 판매점이 많이 있는데, 독특하게 생긴 유리 기념품이 많아 마치 갤러리에 온 것처럼 느껴졌다.

13 그것은 얼마입니까?

다음날은 부라노에 가서 셀프 결혼사진 촬영을 했는데, 비가 와서 산 마르티노 성당에서 잠깐 쉬었다. 비가 그치자 다시 바포레토로 산 마르꼬 광장으로 왔다. 저녁 식사까지 시간이 남아 초상화 그려주는

12 Where is the bus stop?
웨어 리즈 더 버쓰 스탑?

13 How much is it?
하우 머취 이즈 잍(ㅌ)?

크로키로 초상화를 그리는 화가

아내를 기다렸던 건물

분들 중에 마음에 드는 그림체의 아저씨께 그림을 부탁했다. 이분은 크로키로 옆모습만 그리는 분이었다.

괜찮은 곳에서 식사하고 싶어서 도포르니(doforni)에 갔다. 18세기 때의 요리법으로 이탈리아 전통요리를 만드는 곳이었는데, 테이블에 세팅된 모습에 금액이 상당할 것 같았다. 예상과 달리 단품은 생각만큼 비싸지 않았다. 한 끼 정도는 제대로 된 음식을 먹기로 했기에 과감하게 투자했다. 맛은 가격에 비해 만족스럽지 않았다.

14 **이것들은** 얼마입니까?

마지막 날 모든 짐을 챙겨 셔틀버스를 타고 약 20분 거리에 있는 베니스로 향했다. 버스에서 아내와 싸우고, 아내는 혼자서 모든 돈을 갖고 멀리 가버렸다.

짐과 나는 혼자 남겨져 아내를 기다렸다. 4시간쯤 반성의 시간을 보내는데 방광이 차오르자 참을 수 없었다.

대형 캐리어 2개 무게의 합은 30kg가 넘고 5kg짜리 가방도 2개였다. 캐리어 하나는 어디서 이렇게 큰 캐리어를 파는지 궁금할 정도로 정말 컸다. 누가 훔쳐갈까봐 짐을 놔두고 화장실에 갈 수도 없었다. 노상방뇨를 할까도 싶었지만, 외국까지 와서 추한 한국인의 모습을 보여주고 싶지 않았다.

15 화장실은 어디에 있습니까?

더는 참을 수 없자 모든 짐을 들고 엉거주춤한 걸음으로 약 10분을 헤매 500m 거리에 있는 화장실에 도착했다.

그런데, 화장실의 입구를 덩치가 큰 험악한 인상의 흑인 여자분이 지키고 있었다.

16 **이것은** 얼마입니까?

이곳도 다른 유럽의 화장실처럼 돈(50센트, 약 600원)을 내야만 화장실을 쓸 수 있었다. 유럽의 화장실은 대부분 유료인데, 지하철 개찰구처럼 동전을 넣어야 들

14 How much are these?
하우 머취 얼 디즈?

15 Where is the toilet?
웨어 리즈 더 타일렛(ㅌ)?
16 How much is this?
하우 머취 이즈 디쓰?

바포레토에서 본 해질 무렵의 베니스

어갈 수 있거나, 지키고 있는 사람이 돈을 받아야만 들여보내 준다. 참고로 맥도날드 같은 패스트푸드점은 대부분 무료로 사용할 수 있다.

고민하다가 안 되겠다 싶어서 다시 밖으로 나와서 원래 있던 곳으로 돌아갔다. 그곳에는 그나마 사람들이 있으니까 돈을 빌릴 수 있을 것이라 생각했다. 한 여자분께 사정을 이야기하고 1유로를 빌렸다.

다시 500m를 짐을 끌고 힘들게 걸어가 볼일을 보고 돌아왔는데, 마침 아내도 돌아와 있고, 돈을 빌려주신 분도 계셔서 1유로를 갚았다.

반성과 화장실로 하루를 보내고 밤늦게 베니스에서 기차를 타고 밀라노로 향했다. 하루쯤은 한국 음식을 먹는 게 좋을 것 같아서 여행 전에 급하게 유스호스텔을 취소하고 한국인 민박을 예약했다.

늦은 밤이라 지도를 봐도 한참을 헤매고 있는데, 이탈리아 할아버지 한 분이 숙소를 찾는 게 아니냐며 물어보시고는 가르쳐 주셨다. '어떻게 아셨는지' 묻자 한국인들이 종종 이 근방에서 헤맨다고 하셨다.

다음날 중앙역에서 현금을 인출하고, 소포를 부친 뒤, 기차를 타고 스위스의 스피츠로 갔다.

현금 인출하기

ATM마다 인출이 가능한 카드가 달라서,
인출이 안되는 ATM인 경우 다른 ATM에서 시도해 보세요.
진행 도중 취소(Cancel)를 누르지 말아야 합니다.

ATM을 영어모드(English)로 바꾸고 인출
(withdrawal)을 누릅니다.

카드를 넣습니다.

외국카드라서 cards issued overseas를 누
릅니다.

수수료가 붙는다는 경고입니다. Enter를 누
릅니다.

카드 비밀번호 4자리를 누릅니다.

원하는 금액을 누릅니다.

기간을 묻는 말

How long is it?
하울 렁 이ㅈ 잍(ㅌ)?

그것은 얼마나 긴가요(기간, 지속, 길이 등)?	How long is it? 하우 렁 이ㅈ 잍(ㅌ)?
그 공연은 얼마나 깁니까?	How long is the show? 하우 렁 이ㅈ 더 쑈우?
얼마나 길게 머물 것입니까?	How long are you staying? 하우 렁 얼 유 ㅅ테잉?
걸어가면 얼마나 걸립니까?	How long is it on foot? 하우 렁 이ㅈ 이런 풑(ㅌ)?
버스로는 얼마나 걸립니까?	How long is it by bus? 하우 렁 이ㅈ 잍(ㅌ) 바이 버ㅆ?
지하철로는 얼마나 걸립니까?	How long is it by subway? 하우 렁 이ㅈ 잇ㅌ 바이 썹웨이?

거리, 날씨, 기간 등을 대신해서 it을 씁니다.
전치사(on)에 대한 설명은 이 책 8단원(p.144)을 참고하세요.

³ I want it.

스피츠에서 항구로 내려오는 길

원하는 것을 말할 때

I want <u>it</u>.
아이 원ㅌ <u>잍(트)</u>.

나는 <u>그것을</u> 원합니다.

http://goo.gl/43DJph

Tip
I(누가)-want(한다)-it(무엇을) 구조입니다. 영어에서 10문장 중 8문장은
이 구조일 정도로 가장 많이 쓰는 구조입니다.
음식 처럼 셀 수 없는 경우에는 밑줄친 단어 앞에 안 붙이거나 the를 붙
이면 되지만, 셀 수 있는 경우에 '한'은 'a'를 쓰고, '그'는 'the'를 씁니다.

관련 단원
<8시간에 끝내는 기초영어 미드천사: 왕초보 패턴> 1단원
<4시간에 끝내는 영화영작> 기본패턴 1단원, 응용패턴 1단원

기본 어휘

I아이 나는

want원ᴛ 원하다

it잍(ᴛ) 그것을, 그것은

1.음식

beer비얼 맥주

fondue펀듀 퐁듀(스위스의 음식)

ice cream아이ㅅ 크뤼임 아이스크림

meat미잍ᴛ 고기

shin-ramen쉰라먼 신라면

2.물건

discount디쓰카운ᴛ 할인

pillow필로우 베개

the same더 쎄임 그 같은 것

ticket티킽(ᴛ) 표

3.양

one원 하나인, 한 개

two투 둘인, 두 개

기타

check out 지불하고 나가는 것
체카웃ᴛ

don't도운ᴛ ~하지 않는다

trottibike 인터라켄의 자전거
트러티바이ㅋ

스피츠의 거위

인터라켄으로 가는 유람선

스위스: 찢어진 청바지

스피츠유람선-인터라켄 서역도보-숙소
숙소기차-그린델발트기차-클라이네샤이덱기차-융프
라요흐기차-클라이네샤이덱기차-그린델발트기차-인
터라켄 동역버스-숙소
숙소기차-그린델발트곤돌라-피르스트트로티바이크-
그린델발트기차-인터라켄 동역버스-숙소

스피츠역은 언덕에 있었는데, 내리면 멀리까지 확 트인 정경이 펼쳐졌다. 바로 앞의 내리막길을 따라서 항구로 가는 중에 예쁜 집의 화단에는 독특한 열매들이 열려 있었다. 맛을 봤지만 식용 열매는 아니라 맛이 없었다.

내리막길을 다 내려오면 공원과 강이 있었다. 이처럼 스위스와 독일은 곳곳에 잘 꾸며진 공원이 많았다. 여유롭게 가족들과 놀거나 살기 좋을 것 같았다.

스위스는 물가가 비싸서 짧게 3일만 머물며 스위스에서 가장 아름답다는 융프라우요흐를 오르기로 했다.

매표소의 직원에게 티켓을 산다고 했다.

1 나는 **티켓 2장을** 원합니다.

1 I want two tickets.
   아이 원트 투 티킷츠.

배가 올 때까지 시간이 있어서, 강 근처의 거위, 오리들과 같이 놀다가 근처의 높은 곳에 오래된 성당에 올라가서 전시회도 보고, 잡초들 사이에서 얼굴을 내민 산딸기도 따 먹었다.

그리스의 바다는 짙푸른 색이었는데, 스위스의 호수는 에메랄드 색이었다. 배에 올라 호수를 가로지르니 볼을 때리는 차가운 바람과 강한 햇살 사이로 느껴지는 공기가 참 깨끗했다.

배에서 내려 기차를 타고 인터라켄 서역에 내린 뒤 걸어서 유스호스텔로 갔다. 참고로 동역에도 유스호스텔이 있는데, 그쪽의 교통편이 훨씬 좋다.

유스호스텔에 묵는 인원 중 80% 정도가 한국인이었다. 나는 방에 베개가 없어서 베개를 달라고 했다.

2 나는 **한 베개를** 원합니다.

유스호스텔에서 만난 한국인들과 어울려

2 I want a pillow.
   아이 원트 어 필로우.

실제로 보면 훨씬 장엄한 융프라우요흐

융프라우요흐에서 무료 쿠폰으로 먹는 신라면

서 스파게티를 요리해 먹었다. 그리스에서 사온 올리브유와 슈퍼에서 사온 면으로 만들었는데 스토브의 불의 세기가 맞지 않아 마늘은 타고 면은 덜 익었다.

다음날 아침 기차를 타고 동역에서 VIP패스를 산 뒤에 융프라우요흐에 갔다. 융프라우요흐의 꼭대기는 1년 중 100일 정도만 볼 수 있다고 한다. 우리가 간 날은 꼭대기도 안 보이고 비까지 내리는 날이었는데, 일단 올라가 봤다.

인터라켄 동역에서 올라가면 다시 기차를 2번 갈아타고 긴 터널로 들어가는데, 터널에서 나와 융프라우요흐에 도착했다.

융프라우요흐 밖에는 눈이 쌓인 한겨울인데, 그 높고 추운 곳에 까마귀가 사는 게 신기했다. 상점에서 장갑을 사고 싶지만 비싸서 깎아달라고 했다.

3 나는 **한 할인**을 원합니다.

유럽에서 정가가 붙은 대부분의 물건은 할인해주지 않는다.

그리고 기차 티켓을 살 때 받은 컵 신라면 무료 쿠폰을 보여주며 말했다.

4 나는 **신라면**을 원합니다.

신라면을 돈 주고 사면 약 만원이었다. 유럽의 신라면은 돼지기름이 들어가지 않아서 채식주의자도 먹을 수 있었다. 추운 곳이라 따뜻한 국물을 먹고 싶은 데다가 공짜라 더 맛있었다. 유럽까지 배달비용이 얼마나 들지는 모르겠지만 광고 효과가 상당할 것 같다.

융프라우요흐에서 기차를 타고 내려오면서 중간에 내려서 하이킹을 했다. 하이킹하는 길은 비가 오지 않고 맑았다. 비구름은 우리가 하이킹하는 곳보다 밑에 떠 있었다. 그래서 구름 위를 걷는 기분이었다. 또한 산이 가파르지 않고, 나무도 별로 없어서 시야가 멀리 트여있었다. 문득 요들송이 생각났다. 가벼운 발걸음으로 약 30

3 I want a discount.
아이 원트 어 디쓰캬운트.

4 I want Shin-ramen.
아이 원트 신-라면.

안개 속으로 들어가는 곤돌라

서서 타는 트로티바이크

분쯤 걸어서 내려온 뒤에 다시 기차를 타고 내려갔다.

다음 날은 피르스트를 오르기 위해 다시 기차를 탔다. 숙소의 한국인들이 꼭 타보라고 추천하는 플라이어 쿠폰이 있어서 플라이어를 타기 위해 곤돌라를 탔다. 짙은 안갯속을 뚫고 올라가는데, 안개가 너무 많아 조금 컴컴했다. 마치 새로운 세계에 빨려들어가는 것 같았다. 중간중간 곤돌라를 갈아타고 꼭대기까지 올라갔다.

꼭대기에서 플라이어를 탈 수 있는지 물어봤는데, 한 시간 전까지만 가능했고, 지금은 안개가 많아서 탈 수 없다고 했다. 아쉬운 마음에 사진만 몇 장 찍고 다시 내려왔다.

내려오는 길에 서서타는 자전거(트로티바이크Trottibike)를 빌렸다.

아내와 경주를 하며 비탈길을 내려왔다. 도로를 따라 내려가는 것이기 때문에 산에서 내려올수록 승용차의 출몰 빈도가 늘었다.

거의 다 내려왔을 때쯤에 승용차와 충돌할 것 같아서 급하게 꺾다가 넘어졌다. 청바지 속에 입은 내복까지 찢어질 정도였지만, 다행히 큰 부상은 없었다.

트로티바이크를 맡겨놓고 아내가 치즈를 좋아해서 근처의 퐁듀 식당을 찾았다.

7 **퐁듀 식당**은 어디에 있습니까?

예약하지 않은 대신 조금 일찍 가서 괜찮았는데, 저녁 식사시간이 다가오자 만원이 됐다. 유명한 곳이라 늦었다면 못 먹었을 것이다. 옆에 먹는 분의 퐁듀가 맛있어 보여서 같은 것을 달라고 했다.

8 나는 **그 같은 것을** 원합니다.

느끼한 냄새와 맛이 내 취향은 아니었다. 다음날 독일로 향했다.

5 How much is one trottibike?
하우 머취 이ㅈ 원 ㅌ러티바잌(크)?

6 I want 2 trottibikes.
아이 원ㅌ 투 ㅌ러티바잌ㅆ.

7 Where is the fondue restaurant?
웨어 리ㅈ 더 펀듀 뤠ㅅ터롸ㅌ?

8 I want the same.
아이 원ㅌ 더 쎄임.

'원하지 않는다'고 말하기

I don't want it.
아이 도운(ㅌ) 원ㅌ 잇ㅌ.

나는 그것을 원하지 않는다.	I don't want it. 아이 도운(ㅌ) 원ㅌ 잍(ㅌ).
나는 신라면을 원하지 않는다.	I don't want Shin-ramen. 아이 도운(ㅌ) 원ㅌ 쉰-라멘.
나는 아이스크림을 원하지 않는다.	I don't want ice cream. 아이 도운(ㅌ) 원ㅌ 아이ㅆ 크뤼임.
나는 맥주를 원하지 않는다.	I don't want beer. 아이 도운(ㅌ) 원ㅌ 비얼.
나는 고기를 원하지 않는다.	I don't want meat. 아이 도운(ㅌ) 원ㅌ 미잍(ㅌ).
나는 그 같은 것을 원하지 않는다.	I don't want the same. 아이 도운(ㅌ) 원ㅌ 더 쎄임.

don't는 do와 not을 줄인 것으로 ~하지 '않음'을 의미합니다.
't'의 발음은 약하게 하므로 주로 '돈'으로 발음합니다. 하지만 천천히 말하거나 강조해서 말할 때는 '도운ㅌ'로 말합니다.

알리오 올리오 만들기

가장 적은 재료로 쉽게 만들면서,
가장 질리지 않는 스파게티인 알리오 올리오입니다.

재료
마늘 12쪽, 스파게티면 150g, 소금 2큰술, 후추 2작은술,
페퍼론치노(이탈리아 청량고추), 올리브유

면은 링귀네를 추천합니다. 아니면 스파게티니도 좋습니다. 특히 많이 익힐 경우 스파게티는 너무 두꺼우므로 스파게티니를 추천해드립니다. 페퍼론치노는 베트남산을 쓰셔도 됩니다. (없으시면 일반 청양고추 쓰셔도 됩니다. 고추는 꼭 넣어야 맛있어요.) 볶을 때 고추를 같이 넣으면 좀 더 맵고, 나중에 넣으면 조금 덜 맵습니다.

소금을 많이 해서(바닷물 농도에 가깝게) 물을 끓이고, 물이 끓으면 뚜껑을 열어놓은 채로 약 6~8분을 삶습니다. 나중에 팬에서 익는 시간까지 10분 정도여야 합니다.

올리브유를 조금 달군 뒤에 마늘을 편 썰어서 넣고 타지 않는 선에서 최대한 많이 볶습니다. 이후 페퍼론치노도 넣고 볶습니다. 가지나 양파, 파프리카, 버섯을 넣어도 좋습니다.

익은 면을 팬에 넣고 1분 정도 볶습니다. 물이 쉽게 증발하므로 면과 함께 물을 50mL 같이 넣고 볶습니다. (바지락, 새우, 치킨 등으로 육수를 내서 만들어도 됩니다.)

후추를 넣어서 간하고 꿀이나 파마산 치즈를 조금 넣어도 좋습니다. (소금은 넣지 않습니다.)

독일

4 It's cold.

옥토버페스트

상태나 모습을 말할 때

It's <u>cold</u>.
잇츠 <u>코울드</u>.

그것은 추운 상태(모습)이다.

http://goo.gl/gyOg5p

Tip
밑줄에 들어가는 말은 주로 형용사(예쁜, 더러운, 잘생긴 등)나 명사(사물의 이름)입니다. 이 단원에서는 대부분 형용사만 쓰기 때문에 밑줄 앞에 a나 the를 붙이지는 않습니다.

관련 단원
<8시간에 끝내는 기초영어 미드천사: 왕초보 패턴> 6단원
<4시간에 끝내는 영화영작: 기본패턴> 3단원

기본 어휘

it일(ㅌ) 그것은, 그것을

is이ㅈ 상태모습이다

명사

restaurant뤠스터롱ㅌ 음식점

seat씨잍(ㅌ) 좌석

1.상태

boring보링 지루한

better베럴 더 좋은

closed클로우ㅈㄷ 닫힌, 영업이 끝난

cold코울ㄷ 추운

dirty더리 더러운

lost러ㅅㅌ 길을 잃은

mine마인 나의 것인

occupied아큐파이ㄷ 차지된

open어픈 열린

sick씩(ㅋ) 아픈

slow슬로우 느린

sorry쩌뤼 미안한

traditional트뤠디셔널 전통의

기타

my마이 나의

not낱(ㅌ) 아닌

vegetarian베지테뤼언 채식주의자

고풍스러운 호엔슈방가우 성

디즈니랜드 성의 모태가 된 노이반슈타인 성

퓌센: 디즈니랜드의 성이 된 성

퓌센역도보-숙소도보-퓌센역버스-호엔방가우성버스-노이반슈타인성버스-퓌센역도보-숙소

독일의 퓌센에 내려 유스호스텔까지의 거리가 지도에서는 가까워 보였는데, 막상 큰 캐리어를 들고 1km 가까이를 걷다 보니 힘들었다.

숙소에 도착해서 방에 들어가는데 방의 이불이 더러워서 갈고 싶었다.

1 그것은 **더럽**습니다.

같은 방을 쓰는 중국인과 친해져서 내일 같이 퓌센의 성에 가기로 했다.

조식이 무료였는데, 맛이 호텔 조식만큼 뛰어났다. 사실 이곳을 선택한 가장 큰 이유는 무료 조식이 맛있다는 리뷰 때문이었다. 빵의 종류도 3가지, 들어가는 햄의 종류도 3가지, 시리얼도 3가지, 2가지 치즈, 2가지 잼, 2가지 우유, 버터, 토마토와 오이, 과일, 주스가 있었다.

조식을 마치고 중국인 친구와 버스를 타

고 노이반슈타인 성으로 향했다.

버스에서 내리면 걸어서 5분 정도 거리에 있는 호엔슈방가우 성을 구경한 뒤, 다시 버스를 타고 노이반슈타인 성으로 갔다. 노이반슈타인 성은 디즈니 랜드에 있는 성의 모태가 됐다고 한다. 특히 성안에서 보는 경치가 그림처럼 아름다웠다. 근처에 있는 폭포와 호수도 아름다웠다.

시간이 남아서 성 근처의 조용한 호수에서 배를 타고 있으니 세상과 떨어진 기분이 들었다. 주변의 모든 풍경이 한폭의 고풍스러운 그림 같았다.

배에서 내려 오는 길에 청설모를 만나서 간식을 나눠 먹고 버스를 타고 내려왔다. 그리고 근처의 독일 민속음식점을 찾았다.

2 그 **민속 음식점**은 어디 있습니까?

소박한 음식점에서 가정식 느낌의 전통 소시지와 슈바이네 학세의 맛이 일품이었다. 한국인의 입맛에 잘 맞을 것 같았다.

1 It's dirty.
잇츠 더리.

2 Where is the traditional restaurant?
웨어 리즈 더 트뤠디쎠널 레스터랑트?

마리엔 광장 시계탑의 반전 인형극

손을 꼭 잡고 옥토버페스트로 향하는 노부부

뮌헨: 14살 아이도 술을 마시는 옥토버페스트
뮌헨 중앙역지하철-마리엔 광장지하철-뮌헨 중앙역
지하철-유대인 수용소

뮌헨(실제 발음은 '뮤닉'에 가깝다)에 가까워질수록 다양한 민속 의상을 입은 사람들이 탔다. 뮌헨에 도착할 즈음에는 열차가 가득 찼다. 잠시 화장실에 다녀온 사이에 내 자리에 다른 사람이 앉아 있었다.

3 그것은 **나의 자리**입니다.

뮌헨 중앙역에 도착하면 대부분 내렸다. 이제 10월이 돼서 날씨가 추웠다.

4 그것은 **춥습**니다.

시간이 11시 반이라서 시계탑 인형의 춤을 보기 위해 마리엔 광장의 시청사 건물로 갔다(12시와 오후 9시에 인형극을 볼 수 있다). 가이드북에는 마지막에 반전이 있다고 해서 참고 봤지만, 반전이 없다는 것이 반전이었다. 허망함만 남기고 다시 중앙역으로 갔다.

5 그것은 **지루합**니다.

중앙역에서 옥토버페스트로 가는 안내 표지를 보고 가는데, 꼭 그 표지를 보지 않아도 거의 모든 사람들이 그 방향으로 가기 때문에 그냥 따라가도 된다.

옥토버페스트는 세계 3대 축제(브라질의 리우카니발:2~3월, 일본의 삿포로 눈축제:2월) 중에 하나로, 축제 기간 동안 약 700만잔 정도가 팔린다고 한다.

옥토버페스트 근처에 가니 멀리 자이로드롭, 바이킹 같은 놀이기구들이 보였다. 축제 때만 임시로 설치해놓은 놀이기구라고 한다. 옥토버페스트에는 6개의 맥주 회사에서 14개의 텐트를 만드는데 텐트마다 분위기가 다르다.

우리는 손을 꼭 잡고 가시는 노부부를 따라가면 가장 전통적이고 맥주 맛이 좋은 곳에 갈 수 있을 것 같아서 쫓아갔다.

6 그것은 **더 좋습**니다.

우리가 도착한 텐트는 1328년부터 맥주

3 It's my seat.
   잇츠 마이 씨잍(ㅌ).
4 It's cold.
   잇츠 코울ㄷ.

5 It's boring.
   잇츠 볼링.
6 It's better.
   잇츠 베럴.

합석한 독일인 가족들과 함께

유대인 수용소에서 시체를 태우는 방

를 만들어온 아우그스티너의 텐트였다. 처음 보는 독일인 가족들과 합석을 했는데, 14살인 여자 아이도 맥주를 마시려고 왔다. 독일에서는 미성년자도 부모님과 함께라면 맥주를 마실 수 있다. 치킨과 맥주 두 잔을 시켰는데, 각각 1L 잔에 가득 담아서 줬다.

계속해서 독일 민속 음악들이 울렸는데, 음악에 맞춰 발을 쿵쿵 구르고 탁자를 치고, 팔짱을 끼고, 마치 응원가 부르는 기분으로 즐겁게 낮술을 마셨다. 모두 하나가 되는 기분이랄까? 술을 마시다 보니 화장실에 가고 싶어서 물어봤다.

7 화장실은 어디인가요?

워낙 큰 텐트라 화장실을 찾기가 어려웠다. 화장실에 가보니 대부분의 화장실은 사용 중이었다. 화장실에는 이렇게 쓰여 있었다.

8 그것(화장실)은 **차지되었**습니다.

뮌헨에서 묵는 게 아니라 잠시 거쳐 가는 거라, 옥토버페스트에서 금방 나와서(약 2~3시간 만에, 하지만 거의 만취 상태로) 유대인 수용소에 갔다. 독일인들이 자신들의 과거 잘못을 어떻게 생각하고 보존해놨을지 궁금해서였다. 문이 닫히진 않았을지 걱정됐다.

9 그것은 **닫혀** 있습니다.

10 그것은 **열려** 있습니다.

자원봉사자들이 가이드를 하고 있어서 따라가 봤다. 가스실부터 시체를 태우는 곳, 박물관까지 둘러봤다.

거의 막차를 타고 잘츠부르크로 갔다.

> 🔴 옥토버페스트 맥주 맛을 보고 싶으시면, 매년 10월에 옥토버페스트에 쓰인 홉으로 만드는 한정판 맥스 캔맥주가 있는데, 맥주 맛이 상당히 흡사합니다.

7 Where is the toilet?
웨어 리즈 더 터일렛ㅌ?

8 It's occupied.
잊ㅊ 아큐파이드.

9 It's closed.
잊ㅊ 클로우ㅈㄷ.

10 It's open.
잊ㅊ 어픈.

나에 대해 말하기

I'm sorry.
암 써뤼.

나는 미안합니다.
I'm sorry.
암 써뤼.

나는 길을 잃었습니다.
I'm lost.
암 러스ㅌ.

나는 아픕니다.
I'm sick.
암 씩(ㅋ).

나는 채식주의자입니다.
I'm a vegetarian.
아 머 베지테뤼언.

나는 춥지 않습니다.
I'm not cold.
암 낱 코울ㄷ.

그것은 제것이 아닙니다.
It's not mine.
잇ㅊ 낱 마인.

그것은 느리지 않습니다.
It's not slow.
잇ㅊ 낱 슬로우.

그것은 닫혀있지 않습니다.
It's not closed.
잇ㅊ 낱 클로우ㅈㄷ.

It에는 is를 쓰지만, 나(I)에는 am을 씁니다.
정확히 발음하면 '아임'이지만, 보통은 '암'으로 발음합니다.
그리고 아니라고 할 때는 I'm 뒤에 not을 붙입니다.
마찬가지로 It's 뒤에 not을 붙입니다.

오스트리아

잘츠부르크 미라벨 정원

부탁할 때

<u>Help</u> (me),please.
<u>헬(ㅍ)</u> <u>(미)</u>, 플리이즈.

(저를) 도와주세요, 부탁입니다.

http://goo.gl/LrsbaM

Tip
영어 문장은 대부분 '누가-한다-무엇을'의 구조로 되어 있는데,
한다(동사)부터 시작하는 문장을 명령문이라고 합니다.
명령이라는 말에서 알 수 있듯이 무례한 말인데요.
무례하지 않게 말하려면 앞이나 뒤에 please를 꼭 붙여줘야 합니다.
이번 단원이 많이 어려우시면 다음 단원(p.122)을 하고 하셔도 됩니다.

관련 단원
<8시간에 끝내는 기초영어 미드천사: 왕초보 패턴> 9단원
<4시간에 끝내는 영화영작: 기본패턴> 16단원

기본 어휘

me^미 나를

please^{플리이즈} 부탁합니다.

행동하다

check out^{췍(ㅋ)아웃ㅌ} 지불하고 나가다

cross^{크러ㅆ} 길을 건너다

discount^{디ㅆ카운ㅌ} 할인(하다)

go^{고우} 가다

give^{기ㅂ} 주다

help^{헬(ㅍ)} 돕다

keep^{킾ㅍ} 보관하다, 지키다

take^{테익(ㅋ)} 찍다, 가져가다

turn^{털언} 돌다

write^{롸잍(ㅌ)} 쓰다

(무엇을)

beer^{비얼} 맥주

bill^빌 계산서

it^{잍(ㅌ)} 그것(을)

map^{맾(ㅍ)} 지도

picture^{픽춸} 사진, 그림

soap^{쏘웊(ㅍ)} 비누

this^{디ㅆ} 이것

ticket^{티킽(ㅌ)} 표

방향

here^{히얼} 여기

there^{데얼} 저기

기타

uncomfortable 불편한
^{언컴퍼러블}

well-done^{웰-던} 바싹 구운

호엔 잘츠부르크에서 본 시내 전경

잘츠부르크의 영웅 모차르트의 생가

잘츠부르크: 모차르트 초콜릿의 맛

잘츠부르크역택시-숙소버스-잘츠부르크시내도보-미라벨정원도보-호엔잘츠부르크버스-숙소

밤늦게 잘츠부르크에 도착해서 버스는 이미 끊겼다. 택시를 타고 숙소(Bloberger Hof)로 가기 위해 주소를 가리키며 말했다.

1 **여기로 가주세요**, 부탁합니다.

도심에서 떨어졌지만 자연과 함께한 전원주택 같은 곳이었다. 트립어드바이저에서 잘츠부르크 지역 숙소 1위였다.

숙소에 도착하자 관리자의 메모를 보고 우리 방을 찾아갔다. 고풍스러운 느낌의 넓은 방이 멋졌다.

조식이 일류 호텔보다 나을 정도로 맛있었다. 종류는 약 20가지 정도로 많지는 않았지만, 요거트부터 스크램블드 에그, 커피까지 갓 요리해서 신선했다.

아침에는 잘츠부르크 도심의 모차르트 생가에 갔다. 잘츠부르크는 전체가 모차르트로 도배된 느낌이었다. 모차르트 옷, 모차르트 넥타이, 모차르트 우산, 모차르트 초콜릿까지, 심지어 마트에 가도 모차르트 상품이 있다. 음악보다 초콜릿이 더 유명한 것 같았다. 그런데 모차르트 초콜릿은 어디서 많이 맛본 맛이었다. 오랜 고민 끝에 알아낸 맛은 바로 사과씨였다. 실제로 사과씨를 썼는지 모르겠지만, 아주 독특하므로 강력 추천한다. 바르셀로나를 가우디가 먹여 살리듯, 잘츠부르크를 모차르트가 대대로 먹여 살리는 것 같다.

모차르트 생가에 가서 모차르트의 물건들을 보고, 오후에는 사운드 오브 뮤직에 나온 미라벨 정원에서 사진을 찍었다. 아내와 같이 찍고 싶어서 부탁했다.

2 **한 사진을 찍어주세요**, 부탁합니다.

저녁에는 호엔잘츠부르크 성에서 음악을 들었다. 연주자들의 실력이 훌륭했고, 무엇보다 그때 당시에도 있던 성에서 공연을 들을 수 있어서 운치 있었다.

1 Go here, please.
고우 히얼, 플리이즈.

2 Take a picture, please.
테이커 픽춀, 플리이즈.

오래 기다려서 입장한 쇤부른 궁전

클림트의 키스가 있는 벨베데레 궁전

빈: 놀라웠던 왈츠

숙소지하철-쇤부른 궁전
숙소트램-벨베데레 궁전도보-식당버스,지하철-숙소

빈의 숙소(Hotel Geblergasse)는 역에서 조금 떨어진 숙소였지만, 가격이 저렴한 데다 3성 호텔이어서 예약했다.

빈에 간 이유는 쇤부른 궁전과 클림트 때문이었다. 많은 사람들은 쇤부른 궁전만을 보기 위해 빈에 오기도 한다.

성에 도착했지만 바로 못 들어가고 순번이 돼야 티켓을 사서 들어갈 수 있었다. 번호표를 받고 약 2시간 동안 밖에서 간단하게 먹기도 하고, 앉아서 졸기도 하며 시간을 보냈다. 막연히 앉아 사람들을 보는 일도 갑자기 찾아온 여유처럼 기분이 좋았다. 입장권을 살 차례가 돼서 티켓을 달라고 했다.

3 **2장을 주세요**, 부탁합니다.

다음날에는 호텔에 열쇠를 맡겼다.

4 **이것을 지켜**(맡아)**줘요**, 부탁합니다.

그리고 클림트의 키스를 보기 위해 벨베데레 궁전으로 가는 버스나 트램 정보를 호텔 프런트에 물어봤다. 트램 번호를 가르쳐줬지만 잊을까 봐 다시 물었다.

5 **그것을 써주세요**, 부탁합니다.

클림트의 그림, 키스의 금색은 별이 내리는 듯 반짝였다. 전에 한국에서 전시했을 때는 기획은 참 좋았지만 대표작은 유디트 한 개였는데, 키스는 그 한 작품만 있어도 돈이 아깝지 않을 정도로 가슴에 깊이 남는 작품이었다. 미술관에는 클림트와 에곤쉴레의 작품들이 많았다. 미술관 밖으로 나오니 정원 또한 참 아름다웠다.

저녁 식사로 트립어드바이저를 통해 유명한 전통음식점을 찾다가 슈니첼(송아지로 만든 돈가스, schnitzel)이 유명한 곳이 있어서 멀리까지 걸어서 찾아갔다. 식당에서 메뉴판을 가리키며 말했다.

6 **이것을 주세요**, 부탁합니다.

3 Give 2 tickets, please.
기ㅂ 투 티킷ㅊ, 플리이ㅈ.

4 Keep this, please.
킾(ㅍ) 디ㅆ, 플리이ㅈ.

5 Write it, please.
롸잍(ㅌ), 플리이ㅈ.

6 Give this, please.
기ㅂ 디ㅆ, 플리이ㅈ.

모차르트 음악과 놀라웠던 발레

프라하로 가는 열차의 고통스러운 쿠셋

다음날 호텔에서 체크아웃했다.

7 **체크아웃해주세요**, 부탁합니다.

빈에서 왈츠를 볼 수 있으면 좋을 것 같아서 공연을 찾았는데 값이 비싸서 할인해달라고 했다.

8 **할인해주세요**, 부탁합니다.

공연장에 가보니 아주 작은 무대에서 연주해서 왈츠는 추지 않을 것 같았다.

연주의 중반쯤 여성분이 나오는데, 한사람이 겨우 지나다닐만한 공간에서 왈츠를 췄다. 잘못하면 수백, 수천만 원짜리 악기 위로 넘어지지 않을까 걱정스러웠다. 뒷좌석이라 춤추는 분의 허리 이하는 보이지 않아서 춤춘다는 느낌은 전혀 없었다.

놀랍게도, 잠시 뒤에는 그 좁은 공간에서 남자분도 나와서 같이 춤을 췄다. 앞뒤의 움직임은 없이 좌우의 움직임만 있었지만, 그 공간에서 가능한 게 놀라웠다.

공연 후 고급스러운 카페에서 디저트와

커피를 주문했는데, 시간이 있다면 오랜 시간 머물러도 좋을 것 같았다.

빈에서 체코까지는 거리가 있어서 쿠셋(간이침대)을 타고 이동했다. 유레일을 보여주고 쿠셋을 위한 추가금을 냈다. 역에 도착해서 침대칸을 물어보고, 우리 칸이라고 생각하고 탔는데 그 열차에는 쿠셋은 없고 침대만 있었다. 심지어 체코로 가는 열차도 아니다.

다시 물어보니 열차칸끼리 연결이 되어 있는 게 아닌 데다가 열차 칸마다 목적지도 달랐다. 그리고 침대칸과 일반칸은 서로 이동할 수도 없었다.

급하게 나와 찾아간 곳은 4인용 쿠셋이었는데, 침대라기에는 좁고, 딱딱하고, 냄새나고, 불결해서 한국의 지하철 의자에서 자는 것과 별 차이를 못 느낄 정도였다.

9. 그것은 불편합니다.

7 Check out, please.
체카웃ㅌ, 플리이ㅈ.
8 Discount, please.
디ㅆ카운ㅌ, 플리이ㅈ.

9 It's uncomfortable.
잇ㅊ 언컴퍼러블ㅌ.

더 짧게 말하는 법

Beer, **please.**
비얼, 플리이ㅈ.

티켓 한장, 부탁합니다.

A ticket, please.
어 티킽(ㅌ), 플리이ㅈ.

사진 한장, 부탁합니다.

A picture, please.
어 픽쳘, 플리이ㅈ.

비누 한개, 부탁합니다.

A soap, please.
어 쏘웊(ㅍ), 플리이ㅈ.

바짝 구워서, 부탁합니다.

Well-done, please.
웰-던, 플리이ㅈ.

지도 한장, 부탁합니다.

A map, please.
어 맾(ㅍ), 플리이ㅈ.

맥주, 부탁합니다.

Beer, please.
비얼, 플리이ㅈ.

그 계산서, 부탁합니다.

The bill, please.
더 빌, 플리이ㅈ.

동사 없이 명사만 써도 이해합니다.

계산서는 서로 아는 것을 일컫기 때문에 a bill보다 the bill을 더 많이 씁니다.

잘츠부르크 미라벨 정원

길을 알려주는 표현

Go straight.
고우 ㅅ트뤠잍(ㅌ).

(앞으로) 쭉 가세요.

Go straight.
고우 ㅅ트뤠잇ㅌ.

앞으로 한 블록 가세요.

Go straight one block.
고우 ㅅ트뤠잍(ㅌ) 원 블랔(ㅋ).

오른쪽으로 도세요.

Turn right.
털언 롸잍(ㅌ).

왼쪽으로 도세요.

Turn left.
털언 레ㅍㅌ.

그 길을 건너세요.

Cross the street.
ㅋ러ㅆ 더 ㅅ트리잍(ㅌ).

그것은 왼쪽에 있습니다.

It's on the left.
잇ㅊ 온 더 레ㅍㅌ.

그것은 그 교회 옆에 있습니다.

It's next to the church.
잇ㅊ 넥ㅆ투 더 춹취.

말할 수는 없어도 듣고 이해할 수 있어야 길을 찾을 수 있습니다.
블록은 길과 길의 사이에 이어진 건물의 덩어리를 말합니다.
전치사(on)에 대한 설명은 이 책 8단원을 참고하세요.

체코

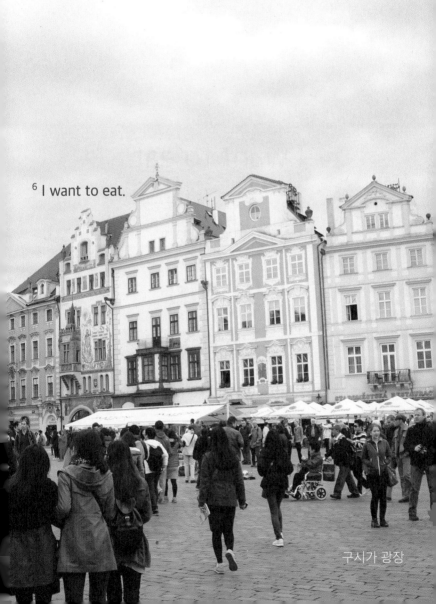

⁶ I want to eat.

구시가 광장

행동을 원할 때

I want to eat.

아이 원 투 이잍(트).

나는 먹는 것을 원합니다.

http://goo.gl/jPPJnO

Tip
행동을 원할 때 쓰는 표현으로,
누가(I)-한다(want)-무엇을(to+동사)의 구조입니다.
I wanna(아이 워너)라고 줄여 말할 정도로 많이 씁니다.

관련 단원
<8시간에 끝내는 기초영어 미트천사: 기초회화 패턴> 8단원
<4시간에 끝내는 영화영작: 기본패턴> 18단원

기본 어휘

I^{아이} 나는

want^{원트} 원한다

1.행동하다

buy^{바이} 사다

book^{북(ㅋ)} (방을) 예약하다, 책

call^콜 전화하다

change^{췌인쥐} 바꾸다

check in^{췍킨} 숙박 수속을 하다

cut^{컽(ㅌ)} 자르다

drink^{드륑ㅋ} 마시다, 마실 것

eat^{이잍(ㅌ)} 먹다

pay^{페이} 지불하다

reserve^{뤼절브} (자리를) 예약하다

return^{뤼턴} 돌려주다

send^{쎈드} 보내다

sleep^{슬리잎(ㅍ)} 자다

use^{유즈} 사용하다

wrap^{뤱(ㅍ)} 포장하다

무엇을

chocolate^{촤컬맅(ㅌ)} 초콜릿

subway^{썹웨이} 지하철

map^{맾ㅍ} 지도

room^룸 방

hair^{헤얼} 머리카락

key^{키이} 열쇠

letter^{레럴} 편지

Korea^{커뤼아} 한국

ATM^{에이티엠} 현금 인출기

date^{데잍(ㅌ)} 날짜

기타

dirty^{더리} 더러운

this^{디쓰} 이(것)

프라하 성에서 내려본 도시

큰맘먹고 즐긴 뷔페

프라하: 생애 최고의 뷔페
숙소도보-식당도보-숙소
숙소지하철-스타로메스트스카역도보-팁가이드지하철-숙소
숙소지하철-스타로메스트스카역지하철-숙소

도착하니 새벽 5시. 원래 체스키크룸로프에 가려고 했지만, 쿠셋에서 기력을 많이 소진해서 그럴 여유가 없었다. 몇 시간 있다가 유스호스텔에 갔는데 아직 유스호스텔이 닫혀 있었다. 사정을 얘기하고 일찍 짐을 들여놓았다.

1 나는 **체크인하기**를 원합니다.

프라하는 유럽 곳곳을 섞어놓은 느낌이었다. 음악, 미술, 관광지(성당) 등 다양하게 느낄 수 있다. 프라하 성은 잘츠부르크의 호엔잘츠부르크 성에 비하면 칙칙하지만 (시간이 지날수록 검게 변하는 돌을 써서 그렇다고 한다) 느낌은 비슷했다. 성에서 도시를 내려다보는 느낌이 특히 비슷했다. 여행 도중 중간중간 쉬면서 움직였는데, 체코에서도 하루를 쉬었다. 쉬는 동안 트

립어드바이저를 통해 뷔페를 검색해보니 괜찮은 뷔페가 있었다.

도착해보니 호텔 1층 뷔페(La Rotonde)였는데 한화로 일 인당 약 10만원이었다. 체코는 물가가 한국보다 조금 싼 편이다. 배낭여행족도 체코에 오면 스테이크를 썬다는 농담도 있을 정도인데 10만원이라니! 그동안 돈 아끼려고 식빵과 버터, 최소한의 야채로만 버텨온 시간에 만감이 교차되지만, 다시는 이곳에 올 수 없을지도 모른다는 생각으로 큰맘 먹고 들어갔다.

2 나는 **먹기**를 원합니다.

뷔페는 정말 좋았다. 유럽은 대륙이 넓은 특성상 생선 구하기가 어려워서 초밥이 비싼데 초밥도 있었다. 무한 스테이크는 바로바로 조리하는데 육질이 상당히 좋았다. 각종 케이크와 생과일주스 등, 하나하나 신선하고 기본에 충실한 음식에 질이 높았다. 주말이라 라이브 공연도 있었다. 돈이

1 I want to check in.
아이 원 투 첵 킨.

2 I want to eat.
아이 원 투 이잍(ㅌ).

말굽이 상징물인 집

비투스 성당에 있는 무아의 스테인드 글라스 작품

아깝다는 생각은 전혀 들지 않았다. 여행 중 지친 기력을 충분히 회복할 수 있었다. 체코에는 팁투어(cafe.naver.com/ruexp)가 있다. 이것은 독특하게 가이드를 듣고 나서 후불로 원하는 만큼 돈을 지불하는 방식이다.

강대국 사이에 위치한 체코는 핍박의 역사를 겪어서 한국인들이 공감할만한 내용이 많았다. 프라하 성에 올라가는 길에 집마다 상징하는 표시도 재미있었다. 가이드가 끝나고 팁을 줬다.

3 나는 **지불하기**를 원합니다.

다음날 구시가지 광장에서 알폰스 무아 전시를 봤는데, 섬세한 무아의 그림을 아내가 참 좋아했다. 선물하려고 무아 책갈피도 샀다. 그리고 가이드에서 이야기했던 곳 중에서 더 보고 싶은 곳을 가봤다. 시간 맞춰 구시청사의 천문시계 인형극을 보고 까를교 위쪽으로 올라가 다시 프

라하 성을 보고 내려왔다.

클래식 페스티벌이 체코에서 열릴 정도로 음악 강국이고, 음악회도 많이 있다. 체코에서 작곡가 스메타나의 '나의 조국'을 들을까 고민하다가 티켓을 사기 위해 물어봤다.

4 나는 **사기**를 원합니다.

가격이 생각보다 비싸서(잘츠부르크보다는 싸지만) 포기했다. 오스트리아에서 두 번이나 음악회에 갔으니까.

까를교를 건너 역으로 향하는 곳곳에 특이한 매장과 박물관이 많이 있다. 초콜릿 전문점에서 박하맛 초콜릿을 샀다.

5 나는 **초콜릿**을 원합니다.

숙소로 돌아가는데, 생각보다 길이 복잡해서 길을 물어봤다.

6 그 **지하철**은 어디에 있나요?

다음날 북페어에 참여하기 위해 다시 독일로 향했다.

---

3 **I want to pay.**
   아이 원 투 페이.
4 **I want to buy.**
   아이 원 투 바이.
5 **I want chocolate.**
   아이 원트 좌컬릿(트).
6 **Where is the subway?**
   웨어 리ㅈ 더 썹웨이?

독일의 베니스라고 불리는 밤베르크의 다리

유명한 훈제 흑맥주집

밤베르크(독일):고기맛 흑맥주

프라하기차-뉘른베르크기차-밤베르크역버스-밤베르크도심도보-대성당도보-흑맥주집버스-밤베르크역기차-프랑크푸르트

여행 중에 만난 분의 소개로 밤베르크에 잠시 갔다. 뉘른베르크에 가서 기차를 갈아탔는데, 중간에 타는 기차는 2칸짜리의 소형 기차도 있었다. 밤베르크 역에 내리니 정보가 많지 않아서 역에서 지도를 달라고 했다.

7 나는 **한 지도**를 원합니다.

역에서 버스를 타고 관광지로 이동했다. 밤베르크는 작은 강이 있는 오래된 도시 (어찌 보면 작은 마을)인데, 유네스코 세계문화유산이고 편안하고 여유로웠다.

다리를 건너 아름다운 조각이 많은 것으로 유명한 대성당을 보기 위해 올라갔다. 늦은 시간이라 성당은 닫혀있어서 다시 내려와서 물어물어 유명한 흑맥주 집으로 갔다.

밤베르크는 고기 맛이 나는 훈제 흑맥주

가 유명한데, 맥줏집에는 살가운 점원들과 가득 메운 사람들이 있었다. 대부분 단골손님으로 보였다. 이곳에 아시아인이 왔다는 것을 신기하게 생각하셨다. 큰 가게임에도 사람들이 꽉 차있는데, 특이하게 비어있는 자리가 있으면 자연스럽게 합석을 했다.

8 나는 **마시기**를 원합니다.

음식을 거의 다 먹었는데, 소시지가 남아서 싸가고 싶었다.

9 나는 **포장하기**를 원합니다.

오래된 건물 사이를 걷다 보니 중세로 돌아간 듯했다. 시간상 짧게 봐야 하는 것이 아쉬웠다. 독특하게 오르막을 세그웨이 (혼자서 서서 타는 전기 이동 수단)를 타고 관광하는 분들도 계셔서 신기했다.

저녁 늦게 다시 기차를 타고 프랑크푸르트로 갔다.

7 I want a map.
   아이 원 터 맵(ㅍ).

8 I want to drink.
   아이 원 투 드링크.

9 I want to wrap.
   아이 원 투 뢥(ㅍ).

끔찍했던 유나이티드 호스텔 출처: backpackerhostel.net

호스텔의 14명이 함께 쓰는 방 출처: hostelworld.com

프랑크푸르트: 충격적인 유스호스텔

숙소트램-프랑크푸르트 전시장
숙소도보-벼룩시장도보-니콜라스 성당

밤늦게 도착한 프랑크푸르트는 방향을 찾기 어려웠다. 지도를 가리키며 물어봤다.

10 여기는 어디에 있나요?

힘들게 도착한 유스호스텔(United Hostel)은 프런트에 스포츠카가 있는 곳이었다. 화려한 외관과는 다르게 실상은 끔찍한 곳이었다. 이곳을 선택한 이유는 몇 달 전에 예약했음에도, 북페어 기간이라 남아있는 곳이 여기밖에 없었다. 박람회장에 가깝다는게 유일하게 좋은 점이었다. 가격도 3배나 더 줬다. 박람회 기간에 다른 곳은 대부분 평소보다 5배 이상으로 가격이 오른다. 다음에 이 시기에 오신다면 한인민박을 알아보는 것도 좋을 것 같다.

11 나는 예약하기를 원합니다.

호스텔의 배정된 방에 들어오니 베개가 없었다. 로비에 이야기하니, 다른 방에서 남이 쓰던 베개인 것 같이 보이는 것을 하나 던져 줬다.

12 그것은 더럽습니다.

바꾸고 싶었지만, 남아있는 게 이것밖에 없다면서 베개를 바꿔주지 않았다. 이 호스텔의 문은 아주 무거워서 온 힘을 다해 열어야 하고, 전기를 쓰는데도 돈을 내야 하며(어쩔 수 없이 보증금과 돈을 지불했다), 무엇보다 고통스러운 것은 공용화장실에 환풍기가 없어서 변 썩은 냄새가 진동했다. 여기서 5일간이나 머물러야 한다니!

하루는, 잠이 들만 한 새벽 1시쯤, 스위스 젊은이들 5명이 숙소에 들어와 시끄럽게 떠들었다. 방금 체크인한 것 같았다.

20분 뒤에 나가서 좀 조용해졌다 싶었는데, 4시간쯤 뒤에 다시 소란스럽게 들어오는 소리에 잠이 깼다. 도저히 잘 수 없어서 밖으로 나왔는데, 나처럼 잠을 설친 미국 남성도 잠을 포기하고 밖에 앉아 있었다.

10 Where is this?
웨어 리즈 디쓰?
11 I want to book.
아이 원 투 북(크).

12 It's dirty.
잇츠 더리.

프랑크푸르트 도서전 입구 간판

많은 물건이 있는 벼룩시장 출처: frankfurtsbest.com

13 나는 **잠자기**를 원합니다.

이 미국인은 누나와 함께 유럽을 여행 중이었다. 그동안 여행한 곳중 한 곳을 추천해달라고 하니 스트라스부르를 추천해줬다. 다음 여행지로 계획한 곳이라 반가웠다.

다음날 일어나서 프랑크푸르트 책 박람회에 가려고 트램을 타기 위해 지도를 가리키며 말했다.

14 나는 **가기**를 원합니다.

전시장까지는 약 4정거장인데, 걸어서 가기에는 부담스러웠다.

전시장 가는 길에 망치 치는 사람 조형물이 있었는데, 한국의 광화문에 있는 것과 똑같이 생겨서 검색해봤다. 이 조형물은 미국 시애틀에 있는 것 등, 세계에 총 11개가 있다고 한다.

전시장은 코엑스몰 전체의 약 4배로 아주 컸다. 걸어서는 이동하기 힘들고, 셔틀버스로 이동해야 했다. 이 전시회는 1년에 한 번 10월 중순에 열리는 세계에서 가장 큰 도서전이다. 전 세계 출판 계약의 20%가 이 전시회에서 이뤄진다.

5일 중 첫 3일은 출판 관계자만 입장할 수 있고, 첫날은 고위 인사들(총리 등)도 왔다. 도서전은 독특하게 공짜로 주는 책도 종종 있고, 마지막 날에는 80% 이상 할인된 초특가로 판매하는 책들도 있었다. 마지막 이틀은 일반인도 관람할 수 있었는데, 청소년들이 코스튬 플레이를 하고 온 모습에 일본의 하라주쿠가 떠올랐다.

재미있는 것은 시간 맞춰 이벤트에 가면 가벼운 스낵이나 음식을 줬다. 저녁쯤에는 나라마다 민속음식을 주기도 했다. 운이 좋으면 식사해결! 운이 나쁘면 사 먹어야 하는데 독일 물가는 비싼데다가 전시장 내에서는 더 비쌌다. 음식도 샌드위치처럼 부실한 게 많다.

13 I want to sleep.
아이 원 투 슬리잎(ㅍ).
14 I want to go.
아이 원 투 고우.

남자 소프라노를 만난 니콜라스 성당 앞의 광장

특산품 사과주 에펠봐인

개장할 때부터 폐장할 때까지 두꺼운 책자를 보고 관심 있는 투어와 이벤트에 참여했다. 가장 좋았던 것은 그동안 도서전의 북디자인에서 상 탔던 책들 수백 권의 전시인데, 만져보고 촬영할 수 있었다.

5일을 묵으면서 하루는 근처의 벼룩시장에 갔는데 약 1km 정도의 강가에 다양한 중고 물건, 맛있는 음식들이 많았다.

그리고 강을 건너면 니콜라스 성당과 예쁜 매장들이 있었다. 광장에서 50대의 남자분이 헨델의 '울게 하소서(영화 파리넬리에 나온 아주 높은 음의 음악)'를 부르고 있었다.

그리고 호스텔로 돌아오는 길에 미용실이 많이 보여서 머리를 잘랐다.

15 나는 **자르기**를 원합니다.

놀랍게도 호스텔에는 아까 노래를 부른 분이 나와 같은 방에 있었다. 러시아 출신이고, 친구분과 나라를 떠돌며 노래한다

고 했다. 기념으로 CD도 선물 받았다.

저녁에는 아내가 한국음식이 먹고 싶다고 해서 처음으로 한국음식점에 갔다. 그런데 육개장이 한 그릇에 2만원이었지만, 맛은 보통이었다. 맛없어도 팔리는 곳이니까. 그곳까지 한국음식 재료들을 공수해서 주시는 것만으로도 감사한 일이라고 생각했다.

그리고 마트에서 에펠봐인(사과주)을 샀다.

16 나는 **사기**를 원합니다.

에펠봐인은 탄산 사과주인데, 가격도 저렴하고(약 5천원) 맛도 좋았다. 단, 유리병에 1L가 들어서 무거운 게 흠이었다.

다음 날 저녁에는 트립어드바이저를 검색해보니 국제 박람회를 여는 곳답게 근처에 각국의 음식점들이 많았다. 프랑크푸르트 1810개의 음식점 중 20위에 올라있는 아프리카 음식점(Im Herzen Afrikas)에 갔다.

15 I want to cut.
아이 원 투 컽(ㅌ).

16 I want to buy.
아이 원 투 바이.

구텐베르크 금속활자로 책을 인쇄

태권V 얼굴 모습의 송전탑

음식점에 도착하니 바닥이 모래로 되어있고, 손으로 음식을 먹는 독특한 곳이었다. 사람이 많아 30분 정도 기다렸다가 들어갈 수 있었다.

17 나는 **먹기를** 원합니다.

나무를 잘라놓은 것 같은 낮은 식탁이 불편했다. 음식은 인도음식과 비슷해서 난(얇은 빵) 같은 게 나오는데, 단지 카레 대신 고기 스튜 같은 것을 야채와 싸먹는다. 맛은 독특했다.

도서전 마지막 날은 이미 철수한 곳이 많아 볼 것이 별로 없었다. 구텐베르크 시대의(약 500년 전) 금속활자로 책을 제작하는 모습을 봤다. 구텐베르크가 성경을 만들기 위해 인쇄술을 개발했지만, 개발하다 빌린 돈을 갚지 못해 경제적으로 힘들게 살다 죽었다고 한다.

그리고 호스텔로 돌아와 체크아웃을 하기 위해 소형 등과 전기를 사용할 수 있는 기기를 돌려줬다.

18 나는 **돌려주기를** 원합니다.

다음날 프랑스로 가는 기차를 타기 위해 프랑크푸르트 역으로 갔다. 나는 시간 약속을 철저히 지키므로(반면에 아내는 과하게 일찍부터 서두르는 나를 불편해한다) 1시간 정도 일찍 도착해서 약 20분 전쯤에 개찰구에서 기차를 탔다. 그런데 출발 시각 15분 전에 기차가 출발하기 시작했다. 놀라서 기차 맨 앞의 역무원이 있는 칸까지 단숨에 뛰어가 말씀드리니 어쩔 수 없다고, 돌아가서 타야 된다고 했다. 30분 뒤 돌아가니 이미 우리 차는 떠나서, 다시 티켓을 끊고 기차를 탔다.

19 나는 **예약하기를** 원합니다.

끝없이 펼쳐진 들판과 태권V 얼굴 모습을 한 송전탑을 지나 프랑스로 향했다.

17 I want to eat.
아이 원 투 이잍(트).

18 I want to return.
아이 원 투 뤼털언.

19 I want to reserve.
아이 원 투 뤼절ㅂ.

한 단어 추가하기

I want to drink water.
아이 원투 ㄷ링ㅋ 워럴.

나는 물을 마시기를 원합니다.

I want to drink water.
아이 원 투 ㄷ링ㅋ 워럴.

나는 한 방을 예약하기를 원합니다.

I want to book a room.
아이 원 투 북 커 룸.

나는 나의 머리를 자르기를 원합니다.

I want to cut my hair.
아이 원 투 컽(ㅌ) 마이 헤얼.

나는 그 열쇠들을 돌려주기를 원합니다.

I want to return the keys.
아이 원 투 뤼털언 더 키이ㅈ.

나는 한 편지를 보내기를 원합니다.

I want to send a letter.
아이 원 투 쎈 더 레럴.

나는 한국에 전화하기를 원합니다.

I want to call Korea.
아이 원 투 컬 커뤼아.

나는 그 현금인출기(ATM) 사용하기를 원합니다.   I want to use the ATM.
아이 원 투 유ㅈ 디 에이티엠.

나는 그 날짜를 바꾸기를 원합니다.

I want to change the date.
아이 원 투 췌인쮜 더 데잍(ㅌ).

'I want to ___' 다음에 한 단어를 추가해서 더 구체적인 뜻을 말합니다.
the는 보통 '더'라고 발음하지만, 뒤의 단어가 모음으로 시작하는 경우는
잘 안 들리기 때문에 '디'로 발음합니다.

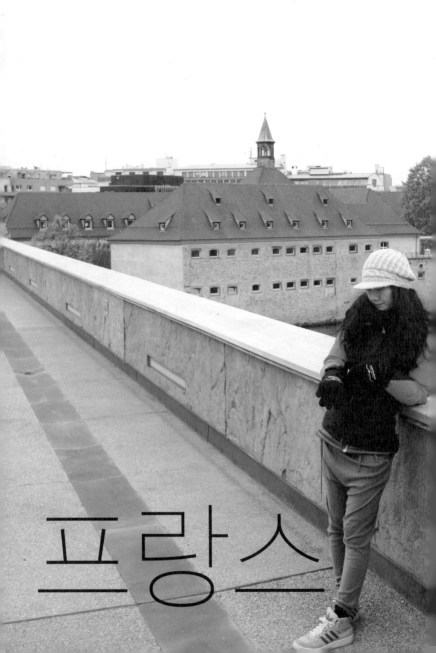

프랑스

⁷ Can I <u>use</u> (<u>this</u>)?

스트라스부르의 쁘띠 프랑스

허락을 구할 때

Can I use (this)?
캐나이 유즈 (디쓰)?

내가 (이것을) 사용할 수 있나요?

http://goo.gl/l3iro7

Tip
의문사(where, when, how 등)로 시작하는 문장은 끝 부분을 내려서 말
하지만, can으로 시작하는 문장은 끝 부분을 올려서 말해야 합니다.
영어에서는 can you보다 can I가 더 부드럽고 많이 쓰는 표현입니다.
참고로 can 대신 could나 might, would를 쓰면 더 부드러워집니다.

관련 단원
<4시간에 끝내는 영화영작> 기본패턴 5단원, 응용패턴 3단원

기본 어휘

can캔 ~할 수 있다

I아이 나는

행동하다

borrow바로우 빌리다

call컬 부르다, 전화하다

enter엔털 들어가다

give기ㅂ 주다

have해ㅂ 가지다

help헬(ㅍ) 돕다

see씨이 보(이)다

recommend뤠커멘ㄷ 추천하다

ride라이ㄷ 타다

take테익(ㅋ) 가져가다

tell텔 말하다

use유즈 사용하다

wear웨얼 입다

(무엇을)

bicycle바이씨클 자전거

coupon큐판 쿠폰

map맾(ㅍ) 지도

menu메뉴 메뉴, 음식 목록

passport패쓰폴ㅌ 여권

pen펜 펜

picture픽철 사진, 그림

taxi택씨 택시

this디ㅆ 이(것)

ticket티킽(ㅌ) 표

way웨이 길, 방법

한가로운 스트라스부르

스트라스부르: 6시간 넘게 걸려 파리로
숙소버스-중앙역자전거-쁘띠프랑스

스트라스부르는 전 아나운서 김범수 씨가 아들을 낳으면 같이 살고 싶다고 한 도시이다. 그 이유는 안전하고 편안한 데다가, 파리와 독일의 국경에 있어서 붙어, 독일어, 영어를 쉽게 배울 수 있기 때문이라고 한다.

베스트 웨스턴 호텔에 묵었는데, 이 호텔은 세계적인 체인이다.(한국에도 있다) 조식이 유명해서 먹어봤는데, 가격대비는 괜찮았다. 가이드북의 지도 크기가 작아 호텔 직원분께 물어봤다.

1 제가 **지도를 가질** 수 있나요?

지도에 몇몇 장소를 표기하기 위해 다시 말했다.

2 제가 **한 펜을 빌릴** 수 있나요?

스트라스부르는 깨끗하고 한적한 시골마을 같았다. 흙이 많고 낡은 시골이라기보다는, 잘 가꾼 정원 같은 느낌의 도시였다. 조용히 쉬고 가거나 사진찍기도 좋다. 중심부인 쁘띠프랑스 말고도 구석구석 편하게 걷고 돌아다니기 좋았다.

스트라스부르에는 작은 편의점처럼 생긴 곳이 많았는데, 간단히 요리된 음식들(케밥 등)을 저렴하게 사 먹을 수 있었다.

유럽 여행에서 가장 많이 먹었던 빵은 크루아상이었다. 아침 조식으로 나오는 크루아상을 갈라서 버터를 발라 먹으면 참 맛있었다. 크루아상이 가장 유명한 곳은 프랑스이다. 프랑스의 웬만한 빵집을 들어가도 한국 빵보다 맛있는 빵을 맛볼 수 있었다. 물론 기분 탓일 수도 있지만.

> ● 서래마을 파리바게트는 프랑스에서 공수한 밀로 만드니 비슷한 맛을 느끼실 수 있습니다.

1 Can I have a map?
   캐나이 해 버 맵(ㅍ)?
2 Can I borrow a pen?
   캐나이 바로우 어 펜?

쁘띠 프랑스

빌린 자전거를 타고

스트라스부르에서 가장 유명한 곳은 쁘띠 프랑스인데, 쁘띠는 '작은'이란 뜻이다. 실제로 스트라스부르는 작아서 자전거를 이용해서 대부분을 이동할 수 있었다. 비가 조금씩 오는 날에, 중앙역 앞에서 자전거를 빌렸다.

3 제가 **자전거를 빌릴** 수 있나요?

자전거로 쁘띠 프랑스 곳곳을 돌아다녔다. 비가 심해지자 추워서 가까운 성당에서 비를 피했는데, 아담한 성당의 파이프 오르간에서 나오는 바흐 음악이 마치 18세기로 시간을 돌려놓은 것 같았다.

스트라스부르에 간 가장 큰 이유는 아내가 좋아하는 치즈 뷔페 때문이었다. 치즈 판매점과 치즈 뷔페를 하는 음식점이 서로 마주 보고 있었는데, 아무 때나 치즈 뷔페를 먹을 수 있는 것은 아니고 먹을 수 있는 시간이 정해져 있었다. 그래서 건너편 음식점에 물어봤다.

4 제가 **그 메뉴를 볼** 수 있나요?

다음날 파리로 향했다. 스트라스부르에서 파리로 가는 기차는 이용이 많으므로 예약하지 않으면 많이 기다려야 한다. 그걸 모르고 역으로 갔는데, 긴 줄에는 약 50명이 줄을 섰고, 1시간 넘게 기다려서 역무원을 만났지만, 당일 직행표는 구할 수가 없었다. 그때 역무원의 표정과 태도는 나와는 상관없으니 알아서 하라는 느낌이었다.

결국 유레일 책을 뒤져서 3시간을 돌아가는 기차를 알아냈다. 예약하기 위해 신용카드를 들고 말했다.

5 제가 **이것을 사용할** 수 있나요?

2시간 정도 기다려서 열차를 탔다. 중간에 갈아타는 구간이 있는데 3분 이내에 갈아타야 돼서 열심히 뛰어서 겨우겨우 갈아탔다. 2시간 반이면 갈 길을 6시간 넘게 걸려서 도착했다. 휴.

3 **Can I borrow a bicycle?**
캐나이 바로우 어 바이씨클?

4 **Can I see the menu?**
캐나이 씨 더 메뉴?
5 **Can I use this?**
캐나이 유즈 디쓰?

사크레쾨르 성당

베르사유 궁전의 정원

파리: 디즈니랜드와 라빌레빌라쥬
숙소지도보-몽마르트르언덕
숙소지하철-오르세 미술관지하철-베르사유 궁전지
하철-바토무슈
숙소지하철-디즈니랜드지하철
숙소지하철-라빌레빌라쥬지하철

파리 사람 대부분은 상당히 불친절했다. 내가 아시아인인 데다가, 영어로 대화해서 더 그랬는지 모르겠다. 파리 사람들은 자신의 문화에 강한 자부심이 있고, 과거의 오랜 전쟁으로 영어를 쓰는 영국과 사이가 좋지 않다.

가장 충격적인 사건은, 몽마르트르 언덕 밑에 언덕으로 올라가는 열차 근처에 흑인들이 많았는데, 그 흑인들은 아시아 여자들을 발견하면 선물을 준다고 하고 팔찌로 손목을 묶어서 100유로를 달라고 협박했다. 내가 못 본 사이에 아내가 팔찌 채우기를 거부하자 옆구리를 찌르면서 무섭게 굴었다고 했다. 그것을 단속하지 않는 프랑스 경찰과 정부가 이해되지 않았다.

몽마르트르 언덕에 올라가면 사크레쾨르 성당이 있고 파리 시내 전경이 보였다. 그리고 저 멀리 등대처럼 강한 빛이 빙글빙글 돌고 있는 에펠탑이 보였다. 현재는 에펠탑이 관광명소지만 처음 만들어졌을 때 파리 사람들은 흉물로 여겼다고 한다.

다음 날 오르세 미술관에 갔다. 오르세 미술관에는 고흐의 방에만 사람들이 잔뜩 몰려있었고, 별이 빛나는 밤 진품이 있었다. 생전에는 끔찍하게 가난했지만, 현재의 파리를 먹여 살리는 것은 고흐인것 같았다. 한국의 미술관과 다른 점은, 미술관 바닥에 앉아서 그림을 그리는 학생들이 많았다.

그리고 베르사유 궁전에 갔는데, 베르사유 궁전은 정말 넓었다. 불행인지 다행인지 비가 와서 사람들이 많지 않았다. 하지만 비가 점점 심해져서 나중에는 정원을 들어갈 수 없게 됐다.

6 제가 **이것을 들어갈** 수 있나요?

6 Can I enter this?
   캐나이 엔털 디ㅆ?

디즈니랜드의 스턴트 쇼

다행히 쏟아지는 폭우 사이로 미니버스를 타고 한 바퀴를 돌아 베르사유 궁전을 나왔다.

파리에 돌아와서 저녁에는 유레일을 살 때 받은 무료 배(바토무슈) 쿠폰을 썼다.

7 제가 이 쿠폰을 쓸 수 있나요?

유람선을 타고 내부는 보지 못한 각종 명소(특히 노트르담)들을 수박 겉핥기식으로 봤다.

숙소로 돌아오는 길에 마트에 들려서 30% 할인이 붙어있는 떨이 스테이크와 2유로의 저렴한 샴페인(탄산 와인), 샐러드를 샀다. 그리고 유스호스텔에서 구워 먹었다. 고기는 만족스럽지만 와인은 술에 물 탄 듯 실망스러웠다.

다음날 파리 디즈니랜드에 가서 표를 사기 위해 물었다.

8 제가 표들을 살 수 있나요?

몇 장을 원하냐고 묻자 대답했다.

9 두 장, 부탁입니다.

도쿄 디즈니랜드보다 파리 디즈니랜드가 더 좋았다. 디즈니랜드 외에 도쿄 디즈니랜드에는 디즈니 씨가 있고, 파리 디즈니랜드에는 디즈니 스튜디오가 있다. 디즈니 스튜디오에서는 어떻게 디즈니 작품들을 만드는지 보여줬다. 스턴트 쇼가 인상 깊었는데, 오토바이와 차로 스턴트 묘기의 비밀을 알려줬다.

타워 오브 테러도 재미있었다. 이 놀이기구는 파리에도 있고 도쿄에도 있다. 유령 스토리와 함께하는 작은 자이로드롭이다.

10 제가 이것을 탈 수 있나요?

디즈니랜드가 다른 놀이동산보다 뛰어난 이유는 어른도 동심으로 돌려놓는 스토리와 캐릭터가 있어서라고 생각한다. 체험은 쉽게 잊혀지지만 스토리는 쉽게 잊혀지지 않으니까. 예를 들면, 토이스토리의 버즈를 테마로 열차를 만들기도 하고,

7 **Can I use this coupon?**
캐나이 유ス 디ㅆ 큐판?
8 **Can I buy tickets?**
캐나이 바이 티킷ㅊ?

9 Two tickets, please.
투 티킷ㅊ, 플리이ス.
10 Can I ride this?
캐나이 라이ㄷ 디ㅆ?

파리 디즈니랜드의 화장실 표시

도쿄 디즈니랜드의 화장실 표시

에어로 스미스가 참여한 열차, 마이클잭슨 테마로 만든 3D 영상 관람 등도 있었다.

비가 조금 내리는 날이었는데, 이상하게 비 오는 날은 화장실에 훨씬 자주 간다. 사람이 호흡으로 수분을 흡수할 수 있나?

11 화장실은 어디인가요?

디즈니랜드의 화장실 입구에는 남녀표시가 재미있는 그림으로 되어있었다.

저녁에 끝날 때 즈음엔 디즈니 성을 배경으로 레이져쇼와 불꽃놀이가 펼쳐졌다. 멀리서(그것도 대각선위치에서) 봐서 무슨 내용인지는 잘 모르겠지만, 화려하고 끝없이 터지는 불꽃은 아름다웠다.

다음날에는 디즈니랜드 근처의 라빌레빌라쥬(아울렛)에 갔다. (준)명품을 할인된 가격에 살 수 있는 유럽에서 몇 안 되는 곳이다. 옷을 고르고 있는데 점원이 물었다.

12 제가 **당신을 도울** 수 있을까요?

1+1 청바지도 샀다. 청바지는 편해야 되니까 맞는 청바지를 찾아 20번도 넘게 입고 벗었다.

13 제가 **이것을 입을** 수 있나요?

이후에 꽤 오랫동안 청바지를 입고 다녔는데, 나이가 들어서인지 요새는 청바지보다는 면바지가 편하다.

여행하면서 캐리어를 험하게 다뤘다. 지하철 계단에서 굴려서 밑으로 보내기도 하고, 끌 때 사용하는 손잡이를 들 때도 계속 사용하다보니 지렛대의 원리로 끝내는 소형 캐리어 1개의 목이 부러졌다. 그래서 캐리어도 하나 샀다.

다음날 영국으로 향하는 기차를 타러 갔다. 들어가는 입구에서 갑자기 나를 붙잡으며 그쪽으로 들어가면 안 된다고 하며 말했다.

14 제가 **그 여권을 볼** 수 있나요?

11 Where is the toilet?
웨어 리즈 더 터일렡(ㅌ)?

12 Can I help you?
캐나이 헬 퓨?

13 Can I wear it?
캐나이 웨얼 잍(ㅌ)?

14 Can I see the passport?
캐나이 씨 더 패쓰폴ㅌ?

부드럽게 부탁하기

Can you help me?
캔 뉴 헲(ㅍ) 미?

당신이 저를 도와줄 수 있나요?	Can you help me? 캔 뉴 헲(ㅍ) 미?
당신이 그 메뉴를 보여줄 수 있나요?	Can you show the menu? 캔 뉴 쇼우 더 메뉴?
당신이 한 메뉴를 추천해줄 수 있나요?	Can you recommend a menu? 캔 뉴 뤠커멘 더 메뉴?
당신이 한 사진을 찍어줄 수 있나요?	Can you take a picture? 캔 뉴 테이 커 픽춸?
당신이 한 택시를 불러줄 수 있나요?	Can you call a taxi? 캔 뉴 컬 러 택씨?
당신이 한 펜을 줄 수 있나요?	Can you give a pen? 캔 뉴 기 버 펜?
당신이 그 길을 말해줄 수 있나요?	Can you tell the way? 캔 뉴 텔 더 웨이?

I 대신에 You를 넣으면 '~해줄 수 있습니까?'라고 묻는 문장이 됩니다. 자음 뒤에 모음이 오면 자음과 모음이 붙어서 소리가 납니다. 예를 들어, take a 는 '테잌(ㅋ) 어' 가 아니라 '테이커'가 됩니다. give a 는 '기ㅂ 어' 가 아니라 '기 버'가 됩니다.

피카디리 서커스역 근처

더 구체적으로 말하기

문장+(전치사+명사).

–

문장+(부가설명)

http://goo.gl/ovEc1m

Tip
'전치사+명사'는 문장의 뒤에 씁니다.
앞서 나왔던 문장에 전치사+명사를 써서 정리합니다.
이 단원에는 5개의 전치사만 나옵니다.
for: ~을 위해, **with:** ~과 함께, **on:** ~에 (접촉해서)
from: ~로 부터, **to:** ~(의 방향)으로

관련 단원
더 많은 전치사는 다음 책의 단원을 참고해주세요
<8시간에 끝내는 기초영어 미드천사: 기초회화 패턴> 1단원
<4시간에 끝내는 영화영작> 기본패턴 6단원, 7단원, 응용패턴 4단원

기본어휘

for폴 ~을 위해

from프럼 ~로 부터

on언 ~에 (접촉해서)

to투 ~(의 방향)으로

with윋ㄸ ~과 함께

행동하다

order오럴 주문하다, 명령하다

take테잌(ㅋ) 가져가다

use유즈 사용하다

want원ㅌ 원하다

1.무엇을

baggage배기쥐 짐

claim클레임 주장(하다)

baggage claim 짐을 찾는 곳
배기쥐 클레임

coupon쿠판 쿠폰

gallery갤러리 미술관

internet인털넽(ㅌ) 인터넷

jam잼 잼

king킹 왕

lion라이언 사자

me미 나를

microwave마이크로웨이브 전자렌지

password패쓰월ㄷ 비밀번호

rose로우즈 장미

subway썹웨이 지하철

this디쓰 이 (것)

you유 너를

꾸미는 말

left레프ㅌ 왼쪽인

national내셔널 국가의

please플리이즈 부탁합니다

right롸잍(ㅌ) 옳은, 오른쪽인

today투데이 오늘

tomorrow투마로우 내일

your유얼 당신의

튜브처럼 둥근 천장의 지하철

낮에는 식당, 밤에는 술집인 영국의 펍

런던: 브릭레인 마켓의 세계 음식

도착한 날부터 가는 날까지 4일간 맑은 날은 하루도 볼 수 없을 정도로 안개와 비가 많았다. 영국 남자들은 웬만한 비에는 우산을 잘 쓰지 않는다고 한다. 추위도 내복을 잘 안 입는 한국 남자들과 비슷하다고 할 수 있을까?

아름다웠던 그리스 때문에 상대적으로 다른 나라에서 크게 감동 받지 못했다. 특히 도심 위주의 관광인 파리와 영국은 큰 기대가 없었는데, 파리는 기대 이상으로 실망스러웠고, 영국은 기대 이상으로 만족스러웠다.

런던의 지하철은 subway라고 하지 않고 tube라고 한다. 실제로 튜브처럼 원형으로 생겼다. 문의 상단이 곡선이라 빨리 내리지 않으면 목이 문 사이에 끼일 수도 있다. 실제로 목이 낀 것을 봤는데 친구들은 돕지 않고 웃고 있었다. 지하철 내부의 공간은 한국의 1/3 정도로 작았다. 특이한 점은 문과 의자 사이에 간이 의자가 있어서 임시로 앉을 수 있다.

영국은 숙박비가 비쌌다. 겨우 알아낸 곳(easyhotel.com)은 침대 하나가 겨우 들어간 2평~3평 정도의 방이었다.

호텔에 도착해서 인터넷을 쓰기 위해 물어봤다.

1 저는 **그 인터넷을 위해** 비밀번호 쓰는 것을 원합니다.

숙소의 위치는 다행히도 올드 스트릿 근처라 술집이 많아서 맛있는 음식을 저렴하게 먹을 수 있었다.

영국의 술집문화는 독특했다. 낮에는 술집보다는 식당에 가깝고 담배도 안 피지만(법으로 금지), 저녁에는 술집으로 돌변했다. 메뉴판을 잘 보면, 날마다 특별 메뉴

1 I want to use password for the internet.
아이원투유ㅈ 패쓰월드 폴디인털넷ㅌ.

푸짐한 영국식 아침식사

감자칩 중에 가장 맛있게 먹은 와사비맛 감자칩

(월요일은 스테이크 할인 등)나 세트메뉴가 있어서 할인받을 수 있었다. 모르고 주문했다가는 같은 음식인데 돈을 더 내고 먹을 수도 있었다. 세트메뉴를 가리키며 말했다.

2 저는 점심을 위해서 이것을 원합니다.
뭐니뭐니해도 맛있는 것은 잉글리시 브랙퍼스트(영국식 아침식사)와 피시앤칩스였다. 잉글리시 브랙퍼스트는 작은 게 있고 큰 게 있는데 큰 것은 둘이 먹어도 충분할 정도였다. 피시앤칩스는 영국에 있는 4일 동안 매일 한두번은 꼭 먹을 정도로 참 맛있었다. 비 오는 날에 빈대떡이 더 맛있듯, 거의 (항상) 안개끼거나 비오는 날씨인 영국에서 갓 튀긴 피쉬앤칩스는 정말 맛있었다.

> ● 빈대떡은 수염아저씨네를, 감자튀김은 아비코(브랜드)를 추천합니다.

2 **I want this for lunch.**
아이 원트 디쓰 폴 런취.

그리고 다양한 생맥주를 즐길 수 있었다. 운 좋게 시기가 맥주 축제 때여서, 약 100여 종의 생맥주에서 3종류를 1/3 pint(190mL)씩 4천원에 맛볼 수 있었다. 어떤 게 맛있는지 몰라서 부탁해봤다.(단위 환산은 p.160를 참고)

3 저를 위해 주문해주세요, 부탁합니다.
술집을 나와 숙소에 돌아가는 중에 슈퍼에서 과자와 인스턴트 음식을 사서 먹기 위해 물었다.

4 제가 그 전자렌지를 사용할 수 있나요?
영국에는 다양한 감자칩이 많았는데, 개인적으로 가장 맛있게 먹은 것은 와사비맛 감자칩이었다. 요거트도 여러가지를 맛봤는데, 액티비아 레몬맛이 가장 맛있었다.

다음 날 아침 런던탑에 갔다. 미리 예약해놓은 덕분에 긴 줄을 서지 않고 바로 들어갈 수 있었다. 예약하지 않았다면 전날에

3 **Order for me, please.**
오럴 폴 미, 플리즈.
4 **Can I use the microwave?**
캐나이 유즈 더 마이ㅋ로웨이ㅂ?

책상 두개를 붙여 만든 독특한 작품과 찍은 사진

줄서야 볼 수 있는 작품

와서 이렇게 말해야 했을 것이다.

5 저는 **내일을 위해서** 2장의 티켓을 원합니다.

가이드를 따라가면 900년이 넘는 역사를 그때의 말투로 들을 수 있다. 어떻게 끌려나가 처형당했는지 실감나게 들려줬다.

가이드가 끝나면 자유롭게 돌아다닐 수 있는데, 안에는 성당도 있고 박물관도 있었다. 박물관에는 왕실의 다양한 보물들도 볼 수 있는데, 여왕의 보물과 왕관들, 무기들도 있었다.

오후에는 테이트 모던 미술관에 가서 현대미술을 관람했다. 테이트 모던 미술관은 원래 화력발전소였는데, 미술관으로 바꾼 것이다. 건물의 내부 구조가 상당히 특이했다. 특히 1층 서점 옆으로 난 긴 경사면과, 시멘트 외벽을 그대로 놔둔 전시실이 인상적이었다.

현대미술이라 특이한 작품이 많았다. 책상 두 개 사이에 빛을 가두고는 위의 책상이 오르락내리락 하면서 방의 밝기가 달라지는 작품도 인상적이었고, 조그만 관으로 들여다보면 뭔가 보일 것처럼 만들어진 작품도 재미있었다. 무엇보다 사진을 자유롭게 찍을 수 있어서 좋았다.

저녁에는 라이온킹 뮤지컬을 보기 위해 종합 할인 매표소에 갔지만 할인 티켓을 팔지 않아서 정가를 주고 샀다.

6 **라이온킹을 위해** 2장의 티켓을 원합니다.

라이온킹은, 동물의 왕인 사자(무파사)가 나쁜 동생(스카)의 계략에 빠져 죽고, 그 아들(심바)이 쫓겨났다가 어른이 된 뒤에 돌아와 삼촌을 물리치고 왕이 되는 내용이다. 화려한 정글의 무대와 의상에 시간 가는 줄 몰랐다.

공연이 끝나고 주연 배우와 사진을 찍고 싶어서 물었다.

5 I want two tickets for tomorrow.
아이 원트 투 티킷츠 폴 투마로우.

6 I want two tickets for Lion King.
아이 원트 투 티킷츠 폴 라이언 킹.

세계 각국의 음식을 맛볼 수 있는 브릭레인 마켓

영국 여왕이 즐겨마시는 홍차 '퀸 앤'

7   제가 **당신과** 사진을 찍을 수 있을까요?
다음날 시장 브릭레인 마켓에 갔다(브릭레인 마켓에 가는 방법은 p.24). 시장 주위에는 빈티지 물건(중고 물건)을 파는 가게가 즐비했다. 영국은 역사와 전통을 중시해서인지 족히 100년은 넘어 보이는 물건들(주로 옷)이 많았다. 마치 고조할머니의 옷처럼 어깨가 넓거나, 과하게 화려해서 재미있었다. 고급스러운 빈티지 상점도 있었는데 많이 비쌌다.

장터에는 세계의 모든 음식을 저렴한 가격에 먹을 수 있었다. 각국의 사람들이 직접 만드는 음식이었다. 조금 더 굵고 올 걸하는 아쉬움이 들 정도였다.

그리고 예술가들이 합심해서 만든 장터도 있었다. 그곳에선 소량으로 만들어지다 보니 특이한 소품이나 액세서리로 나만의 개성을 만들 수 있어서 좋았다.

한국에 브릭레인 마켓을 만든다면 인사동, 노량진, 동대문, 을지로, 홍대입구가 어떨까 싶은 생각이 들었다. 물론 외국인에 대한 사회적인 포용력이 더 향상돼야 가능하겠지만.

브릭레인 마켓 근처에는 몇몇 명품 할인 매장이 있는데, 50% 이상 할인된 가격에 옷을 살 수 있다. 옷감과 디자인이 훌륭한 옷도 종종 있었다.

오후에는 영국 여왕이 즐겨 마신 홍차를 파는 포트넘&메이슨(Fortnum&Mason)을 물어물어 찾아가 홍차(Queen Anne)와 장미잼을 샀다. 홍차를 좋아하는 사람이 아니라면 제일 작은 크기도 양이 충분히 많아서, 작은 것으로 몇 개 샀다. 장미잼은 장미 잎으로 만든 것인데, 향이 독특했다.

8   저는 **그 장미잼**을 원합니다.

저녁에는 할인 티켓을 구해서 We will rock you 뮤지컬을 봤는데, 공연이 시작할 즈음 기념사진을 찍으려다 제재를 당

7   Can I take a picture with you?
캐나이 테이 커 픽쳘 윋 뜌?

8   I want the rose Jam.
아이 원트 더 로우즈 잼.

위윌락유 공연장 입구 위의 장식물

무료라 더 좋은 대영박물관

해서 카메라를 닫았다.

미래에 똑같은 생각과 모습, 음악을 듣도록 지배하는 세계를 락(정확히는 퀸의 음악)을 통해 구원한다는 내용인데, 배경 영상과 레이저를 사용해서 초현실적인 분위기를 연출했다.

공연을 보고 저녁 10시쯤 런던 아이를 보기 위해 템즈강변을 따라 걸었다. 런던아이에 도착했지만 늦은 시간이라 운행하지는 않아서 아쉬웠다.

마지막 날 오전에는 대영박물관을 갔다. 거대한 이집트 석상들이 인상적이었다. 옮기느라 꽤나 고생했을 것 같았고, 이집트에 관심이 생겼다. 가이드하시는 분의 외모가 특이해서 국적을 물어봤다.

9 당신은 **어디로부터** 옵니까(어디의 국적입니까)?

오후에는 내셔널 갤러리를 가기 위해 버스를 탑니다.

10 **내셔널갤러리로(향하는)의** 버스는 어디 있습니까?

내셔널 갤러리에 있는 다양한 시대의 그림들이 좋았다.

대영박물관과 내셔널 갤러리를 하루종일 돌아도 극히 일부만 볼 정도로 볼 게 많았다. 더 좋은 것은 영국의 박물관들은 대부분 무료라는 점이었다. 대신 기부금 통이 크게 있었는데, 기부할 때는 자신의 나라 돈을 넣어야 의미가 있다고 했다.

44일간의 유럽여행을 마치고 아쉽지만 러시아를 거쳐 한국으로 돌아와서 짐을 찾았다.

11 **짐을 찾는 곳은 어디입니까?**

12 그것은 당신의 **왼쪽에(접촉해서)** 있습니다.

여행 후 든 생각은, 아이들이 성인이 되기 전에 유럽을 여행하면 좋을 것 같았다. 세상의 다양한 모습을 보여주고 싶다.

9 **Where are you from?**
웨얼 얼 유 프럼?

10 **Where is the bus to National Gallery?**
웨어 리즈 더 버쓰 투 내셔널 갤러뤼?

11 **Where is the baggage claim?**
웨어 리즈 더 배기쥐 클래임?

12 **It's on your left.**
잇츠 온 뉴얼 레프트.

Epilogue

2017년 여름 유럽여행 영어회화와 비슷한 컨셉의 다른 책을 만들기 위해 2주간 유럽여행을 했습니다. 절반은 다녀왔던 곳, 절반은 새로운 곳이었습니다.

스페인: 이색적인 풍광, 역사상 가장 뛰어난 건축가인 가우디의 작품들, 세상에서 가장 기타를 잘 치는 사람은 분명히 스페인 사람일 것이라는 확신이 들게 한 플라멩코의 기타와 춤. 참 좋았습니다. 일정상 프라도 미술관을 못 다녀와서 조금 아쉽습니다.

포르투갈: 리스본 식당에서 본 파두는 국악과 통할 것 같았습니다. 유네스코 문화유산으로 지정될 만큼 깊이가 있습니다. 라르트 역시 죽기 전에 꼭 한번 먹어볼 만 합니다.

네덜란드: 암스테르담은 왠지 한국에 온 듯한 편안함을 느꼈으며, 가봤던 미술관 중에 가장 큰 감동을 준 고흐 미술관, 맛의 신세계를 보여줬던 미슐랭 2스타 Aan de Poel 식당이 인상적이었습니다.

헝가리: 부다페스트에 한 달 정도 머물러도 좋을 만큼 가성비 뛰어난 음식과 멋진 건물 등이 기억에 남습니다.

그런데 제가 원하는 형태의 수준으로 만들려면 2년 이상 더 유럽에 있어야 가능하겠다는 생각에 포기했습니다. 그 책이 나와도 원하는 분들은 적을 것 같았고요.

가정에도 많은 변화가 있었습니다. 2018년 초, 아내와는 결혼한 지 5년 반 만에 이혼했고, 아이들은 제가 키우고 있습니다. 이혼당하기 전까지는 이혼하는 사람들을 이해할 수 없었습니다. 하지만 겪어보니, 한쪽이 이혼하겠다고 마음먹으면 다른 한쪽은 당할 수밖에 없습니다. 이혼 사유라면 제게 인생에서 가장 중요한 것이 예수님 믿고 성경 말씀대로 살아 천국에 가는 것이었다면, 아내는 세상 삶에서의 어떤 기쁨이 아니었나 싶습니다. 저는 욕심에 따라 그 기쁨을 끝없이 추구하면 결국 스스로와 가정이 망가진다고 생각합니다. 앞으로 평생 혼자 살지, 마음에 맞는 다른 사람을 찾게 될지 모르겠지만, 주어진 상황에서 최대한 선을 추구하며 성경적으로 옳은 삶을 살도록 노력하고 싶습니다.

많이 쓰는 관용 표현

인사말

안녕하세요?	How are you?하우 얼 유?
(저는) 만나서 기쁩니다.	(I'm) Pleased to see you.(암) 플리이ㅈ드 투 씨 유
만나서 좋습니다.	(It's) nice to see you.(잇츠) 나이스 투 씨 유
오랫동안 못 봤네요.	(it's) long time no see.(잇츠) 롱 타임 노 씨
무슨 일인가요?	What's up?왓첩?

대화에서 유용한 표현

실례합니다.	Excuse me.익쓰큐ㅈ미
다시(말해주세)요, 부탁합니다.	Repeat, please.뤼핕(트) 플리즈
다시 말해주세요.	Pardon?팔든?
당신도요.	You, too.유투
잠깐만요.	Just a moment, please.저스 터 모우먼트, 플리이즈
저는 한국출신입니다.	I'm from Korea.암 프럼 커뤼아
느리게 말해주세요, 부탁합니다.	Speak slowly, pleaseㅅ픽(ㅋ) 슬로울리, 플리이즈

애매하게 대답하기

잘 모르겠어요.	I don't know.아이 돈 노우
그저 그래요.	So so.쏘 쏘우
나쁘지는 않아요.	Not bad.낱 배앤(드)

전화에서

응답이 없습니다.	There's no answer.데얼ㅈ 노우 앤썰
잘못 거셨습니다.	You have the wrong number.유해ㅂ 더 륑 넘벌

상점에서

여기 있습니다.	Here you are. 히얼 유 얼
여기 있습니다.	Here it is. 히어 맅 리ㅈ
여기서 드실 건가요, 싸가실 건가요?	For here or to go? 폴 히얼 오얼 투 고우

헤어질 때

안녕히 가세요.	Bye. 바이
(우리) 연락하고 지내요.	(Let's) Keep in touch. (렡츠) 키 핀 터취
당신을 만나서 좋았습니다.	(It's) Nice meeting you. (잇츠) 나이ㅆ 미링 유

감사와 거절의 표현

고마워요.	Thank you. 땡 큐
괜찮아요.	It's OK. 잇츠 오케이
천만에요.	You're welcome. 유얼 웰컴
아니에요. (물어 봐줘서) 고맙습니다.	No, Thanks. 노 땡ㅅ

영어로 한글 적기

영어 발음을 공부하신다면 <2시간에 끝내는 한글영어 발음천사>를 보세요.

외국에서 소포를 보낼 때는, 한글 발음을 영어로 써야 합니다.
단, 영어 주소를 쓸 때는 점점 작은 지역을 적는 게 아니라, 점점 큰 지역으로 적어야 합니다.
자음과 모음을 조합해서 써보시고, 어렵다면 전체 글자를 참고해서 적으세요.

한글 주소 한국(남한) 서울시 영등포구 신길 6동 4356번지, 마이크 황
영어 주소 Mike Hwang, 4356 beonji, Singil 6 dong, Yeongdeungpo-gu, Seoul, Korea(South)

자음

ㄱ	g
ㄲ	kk
ㄴ	n
ㄷ	d
ㄸ	tt
ㄹ	r
ㅁ	m
ㅂ	b
ㅅ	s
ㅆ	ss
ㅈ	j
ㅉ	jj
ㅊ	ch
ㅋ	k
ㅌ	t
ㅍ	p
ㅎ	h

모음

아	a
애	ae
야	ya
어	eo
에	e
여	yeo
예	ye
오	o
와	wa
왜	wae
외	oe
요	yo
우	u
워	wo
위	wi
유	yu
으	eu
의	ui
이	i

전체 글자

ㄱ

가	ga
각	gak
간	gan
갈	gal
감	gam
갑	gap
갓	gat
강	gang
개	gae
객	gaek
거	geo
건	geon
걸	geol
검	geom
겁	geop
게	ge
겨	gyeo
격	gyeok
견	gyeon
결	gyeol
겸	gyeom
겹	gyeop
경	gyeong
계	gye
고	go
곡	gok
곤	gon
골	gol
곳	got
공	gong
곶	got
과	gwa
곽	gwak
관	gwan
괄	gwal
광	gwang
괘	gwae
괴	goe
굉	goeng
교	gyo
구	gu
국	guk
군	gun
굴	gul
굿	gut
궁	gung
권	gwon
궐	gwol
귀	gwi
규	gyu
균	gyun
귤	gyul
그	geu
극	geuk
근	geun
글	geul
금	geum
급	geup
긍	geung
기	gi
긴	gin
길	gil
김	gim
까	kka
깨	kkae
꼬	kko
꼭	kkok
꽃	kkot
꾀	kkoe
꾸	kku
꿈	kkum
끝	kkeut
끼	kki

ㄴ

나	na
낙	nak
난	nan
날	nal
남	nam
납	nap
낭	nang
내	nae
냉	naeng
너	neo
널	neol
네	ne
녀	nyeo
녁	nyeok
년	nyeon
념	nyeom
녕	nyeong
노	no
녹	nok
논	non
놀	nol
농	nong
놰	nwae
뇌	noe
누	nu
눈	nun
눌	nul
뉴	nyu
느	neu
늑	neuk
늠	neum
능	neung
늬	nui
니	ni
닉	nik
닌	nin
닐	nil
님	nim

ㄷ

다	da
단	dan
달	dal
담	dam
답	dap
당	dang
대	dae
댁	daek
더	deo
덕	deok
도	do
독	dok
돈	don
돌	dol
동	dong
돼	dwae
되	doe
두	du
둑	duk
둔	dun
뒤	dwi
드	deu
득	deuk
들	deul
등	deung
디	di
따	tta
땅	ttang
때	ttae
또	tto
뚜	ttu
뚝	ttuk
뜨	tteu
띠	tti

ㅁ

마	ma
막	mak
만	man
말	mal
망	mang
매	mae
맥	maek
맨	maen
맹	maeng
머	meo
먹	meok
메	me
며	myeo
멱	myeok
면	myeon
멸	myeol
명	myeong
모	mo
목	mok
몰	mol

ㄹ

라	ra
락	rak
란	ran
람	ram
랑	rang
래	rae
랭	raeng
량	ryang
렁	reong
레	re
려	ryeo
력	ryeok
련	ryeon
렬	ryeol
렴	ryeom
렵	ryeop
령	ryeong
례	rye
로	ro
록	rok
론	ron
롱	rong
뢰	roe
료	ryo
룡	ryong
루	ru
류	ryu
륙	ryuk
륜	ryun
률	ryul
륭	ryung
르	reu
륵	reuk
른	reun
름	reum
릉	reung
리	ri
린	rin
림	rim
립	rip

못	mot
몽	mong
뫼	moe
묘	myo
무	mu
묵	muk
문	mun
물	mul
므	meu
미	mi
민	min
밀	mil

ㅂ

바	ba
박	bak
반	ban
발	bal
밥	bap
방	bang
배	bae
백	baek
뱀	baem
버	beo
번	beon
벌	beol
범	beom
법	beop
벼	byeo
벽	byeok
변	byeon
별	byeol
병	byeong
보	bo
복	bok
본	bon
봉	bong
부	bu
북	buk
분	bun
불	bul
붕	bung
비	bi
빈	bin
빌	bil
빔	bim
빙	bing
빠	ppa
빼	ppae
뻐	ppeo
뽀	ppo
뿌	ppu
삐	ppi

ㅅ

사	sa
삭	sak
산	san
살	sal
삼	sam
삽	sap
상	sang
샅	sat
새	sae
색	saek
생	saeng
서	seo
석	seok
선	seon
설	seol
섬	seom
섭	seop
성	seong
세	se
셔	syeo
소	so
속	sok
손	son
솔	sol
솟	sot
송	song
쇄	swae
쇠	soe
수	su
숙	suk
순	sun
술	sul
숨	sum
숭	sung
쉬	swi
스	seu
슬	seul
슴	seum
습	seup
승	seung
싸	ssa
쌍	ssang
쌔	ssae
쏘	sso
쑥	ssuk
씨	ssi

ㅇ

아	a
악	ak
안	an
알	al
암	am
압	ap
앙	ang
앝	ap
애	ae
액	aek
앵	aeng
야	ya
얀	yan
약	yak
양	yang
어	eo
억	eok
언	eon
얼	eol
엄	eom
업	eop
에	e
여	yeo
역	yeok
연	yeon
열	yeol
염	yeom
엽	yeop
영	yeong
예	ye
오	o
옥	ok
온	on
올	ol
옴	om
옹	ong
와	wa
완	wan
왈	wal
왕	wang
왜	wae
외	oe
왼	oen
요	yo
욕	yok
용	yong
우	u
욱	uk
운	un
울	ul
움	um
웅	ung
워	wo
원	won
월	wol
위	wi
유	yu
육	yuk
윤	yun
율	yul
융	yung
윷	yut
으	eu
은	eun
을	eul
음	eum
읍	eup
응	eung
의	ui
이	i
익	ik
인	in
일	il
임	im
입	ip
잉	ing

ㅈ

자	ja
작	jak
잔	jan
잠	jam
잡	jap
장	jang
재	jae
쟁	jaeng
저	jeo
적	jeok
전	jeon
절	jeol
점	jeom
접	jeop
정	jeong
제	je
조	jo
족	jok
존	jon
졸	jol
종	jong
좌	jwa
죄	joe
주	ju
죽	juk
준	jun
줄	jul
중	jung
쥐	jwi
즈	jeu
즉	jeuk
즐	jeul
즘	jeum
즙	jeup
증	jeung
지	ji
직	jik
진	jin
질	jil
짐	jim
집	jip
징	jing
짜	jjae
째	jjae
쪼	jjo
찌	jji

ㅊ

차	cha
착	chak
찬	chan
찰	chal
참	cham
창	chang
채	chae
책	chaek
처	cheo
척	cheok
천	cheon
철	cheol
첨	cheom
첩	cheop
청	cheong
체	che
초	cho
촉	chok
촌	chon
총	chong
최	choe
추	chu
축	chuk
춘	chun
출	chul
춤	chum
충	chung
측	cheuk
층	cheung
치	chi
칙	chik
친	chin
칠	chil
침	chim
칩	chip
칭	ching

ㅋ

코	ko
쾌	kwae
크	keu
큰	keun
키	ki

ㅌ

타	ta
탁	tak
탄	tan
탈	tal
탐	tam
탑	tap
탕	tang
태	tae
택	taek
탱	taeng
터	teo
테	te
토	to
톤	ton
톨	tol
통	tong
퇴	toe
투	tu
퉁	tung
튀	twi
트	teu
특	teuk
틈	teum
티	ti

ㅍ

파	pa
판	pan
팔	pal
패	pae
팽	paeng
퍼	peo
페	pe
펴	pyeo
편	pyeon
폄	pyeom
평	pyeong
폐	pye
포	po
폭	pok
표	pyo
푸	pu
품	pum
풍	pung
프	peu
피	pi
픽	pik
필	pil
핍	pip

ㅎ

하	ha
학	hak
한	han
할	hal
함	ham
합	hap
항	hang
해	hae
핵	haek
행	haeng
향	hyang
허	heo
헌	heon
험	heom
헤	he
혀	hyeo
혁	hyeok
현	hyeon
혈	hyeol
혐	hyeom
협	hyeop
형	hyeong
혜	hye
호	ho
혹	hok
혼	hon
홀	hol
홉	hop
홍	hong
화	hwa
확	hwak
환	hwan
활	hwal
황	hwang
홰	hwae
회	hoe
획	hoek
횡	hoeng
효	hyo
후	hu
훈	hun
훤	hwon
훼	hwe
휘	hwi
휴	hyu
휼	hyul
흉	hyung
흐	heu
흑	heuk
흔	heun
흘	heul
흠	heum
흡	heup
흥	heung
희	hui
흰	huin
히	hi
힘	him

숫자 읽기

물건을 사거나 시간을 물을 때 숫자를 듣고 이해할 수 있어야 합니다.
영어는 3자리수 단위로 끊어집니다. 100까지는 그냥 읽고, 1000부터 100,000까지는
뒤에 thousand가 붙습니다. 1,000,000부터 100,000,000는 뒤에 million이 붙습니다.

1 one원	20 twenty트웨니	43 forty three포리 쓰리
2 two투	21 twenty one트웨니 원	44 forty four포리 포얼
3 three뜨리	22 twenty two트웨니 투	45 forty five포리 파이브
4 four포얼	23 twenty three트웨니 뜨리	46 forty six포리 씩ㅅ
5 five ㅍ아이ㅂ	24 twenty four트웨니 포얼	47 forty seven포리 쎄븐
6 six씩ㅅ	25 twenty five트웨니 파이브	48 forty eight포리 에잍(ㅌ)
7 seven쎄븐	26 twenty six트웨니 씩ㅅ	49 forty nine포리 나인
8 eight에잍(ㅌ)	27 twenty seven트웨니 쎄븐	
9 nine나인	28 twenty eight트웨니 에잍(ㅌ)	50 fifty피ㅍ티
10 ten텐	29 twenty nine트웨니 나인	51 fifty one피ㅍ티 원
11 eleven일레븐		52 fifty two피ㅍ티 투
12 twelve트웰ㅂ	30 thirty떠리	53 fifty three피ㅍ티 뜨리
	31 thirty one떠리 원	54 fifty four피ㅍ티 포얼
13 thirteen떨틴인	32 thirty two떠리 투	55 fifty five피ㅍ티 파이브
14 fourteen포얼틴인	33 thirty three떠리 뜨리	56 fifty six피ㅍ티 씩ㅅ
15 fifteen피ㅍ틴인	34 thirty four떠리 포얼	57 fifty seven피ㅍ티 쎄븐
16 sixteen씩ㅅ틴인	35 thirty five떠리 파이브	58 fifty eight피ㅍ티 에잍(ㅌ)
17 seventeen쎄븐틴인	36 thirty six떠리 씩ㅅ	59 fifty nine피ㅍ티 나인
18 eighteen에잍틴인	37 thirty seven떠리 쎄븐	
19 nineteen나인틴인	38 thirty eight떠리 에잍(ㅌ)	60 sixty씩ㅅ티
	39 thirty nine떠리 나인	61 sixty one씩ㅅ티 원
		62 sixty two씩ㅅ티 투
	40 forty포리	63 sixty three씩ㅅ티 쓰리
	41 forty one포리 원	64 sixty four씩ㅅ티 포얼
	42 forty two포리 투	65 sixty five씩ㅅ티 파이브

66 sixty six씩ㅅ티 씩ㅅ

67 sixty seven씩ㅅ티 쎄븐

68 sixty eight씩ㅅ티 에잍(ㅌ)

69 sixty nine씩ㅅ티 나인

70 seventy쎄븐티

71 seventy one쎄븐티 원

72 seventy two쎄븐티 투

73 seventy three쎄븐티 쓰리

74 seventy four쎄븐티 포얼

75 seventy five쎄븐티 파이ㅂ

76 seventy six쎄븐티 씩ㅅ

77 seventy seven쎄븐티 쎄븐

78 seventy eight쎄븐티 에잍(ㅌ)

79 seventy nine쎄븐티 나인

80 eighty에이리

81 eighty one에이리 원

82 eighty two에이리 투

83 eighty three에이리 쓰리

84 eighty four에이리 포얼

85 eighty five에이리 파이ㅂ

86 eighty six에이리 씩ㅅ

87 eighty seven에이리 쎄븐

88 eighty eight에이리 에잇

89 eighty nine에이리 나인

90 ninety나인티

91 ninety one나인티 원

92 ninety two나인티 투

93 ninety three나인티 쓰리

94 ninety four나인티 포얼

95 ninety five나인티 파이ㅂ

96 ninety six나인티 씩ㅅ

97 ninety seven나인티 쎄븐

98 ninety eight나인티 에잍(ㅌ)

99 ninety nine나인티 나인

100 one hundred원 헌드뤠드

101 one hundred one원 헌드뤠드 원

102 one hundred two원 헌드뤠드 투

103 one hundred three
원 헌드뤠ㄷ 뜨리

110 one hundred ten원 헌드뤠드 텐

111 one hundred eleven
원 헌드뤠ㄷ 일레븐

112 one hundred twelve
원 헌드뤠ㄷ 트웰ㅂ

113 one hundred thirteen
원 헌드뤠ㄷ 썰티인

114 one hundred fourteen
원 헌드뤠ㄷ 포얼티인

115 one hundred fifteen
원 헌드뤠ㄷ 피프티인

120 one hundred twenty
원 헌드뤠ㄷ 트웨니

121 one hundred twenty one
원 헌드뤠ㄷ 트웨니 원

122 one hundred twenty two
원 헌드뤠ㄷ 트웨니 투

123 one hundred twenty three
원 헌드뤠ㄷ 트웨니뜨리

1000 one thousand
원 싸우전ㄷ

1001 one thousand one
원 싸우전ㄷ 원

1002 one thousand two
원 싸우전ㄷ 투

1003 one thousand three
원 싸우전ㄷ 쓰리

1004 one thousand four
원 싸우전ㄷ 포얼

1005 one thousand five
원 싸우전ㄷ 파이ㅂ

1010 one thousand ten
원 싸우전ㄷ 텐

1011 one thousand eleven
원 싸우전ㄷ 일레븐

1012 one thousand tweleve
원 싸우전ㄷ 트웰ㅂ

1013 one thousand thirteen
원 싸우전ㄷ 썰티인

1020 one thousand twenty
원 싸우전ㄷ 트웨니

1021 one thousand twenty one
원 싸우전ㄷ 트웨니 원

10,000 ten thousand
텐 싸우전ㄷ

11,000 eleven thousand
일레븐 싸우전ㄷ

11,100 eleven thousand
one hundrend
일레븐 싸우전ㄷ 원 헌드뤠ㄷ

11,110 eleven thousand
one hundrend ten
일레븐싸우전ㄷ 원 헌드뤠ㄷ 텐

11,111 eleven thousand
one hundrend eleven
일레븐싸우전ㄷ
원 헌드뤠ㄷ 일레븐

100,000 one hudred thousand
원 헌드뤠ㄷ 싸우전ㄷ

100,100 one hudred thousand
one hundred
원 헌드뤠ㄷ 싸우전ㄷ
원 헌드뤠ㄷ

1,000,000 one million
원 밀리언

10,000,000 ten million
텐 밀리언

10,100,000 ten million
one hundred thousand
텐 밀리언
원 헌드뤠ㄷ 싸우전ㄷ

20,001,100 twenty million
one thousand
one hundred
트웨니 밀리언
원 싸우전ㄷ
원 헌드뤠ㄷ

단위 변환

옷의 사이즈 표기가 달라 물건을 못사고, 섭씨가 아니라 화씨를 쓰면 날씨를 가늠하기 어렵습니다. 킬로미터(km)가 아니라 마일 (mi)을 쓰거나, 미리미터(mL) 대신에 온스(oz)를 써서 가늠하기 힘들어질 때 참고하시면 좋습니다.

여성의류	한국	미국, 캐나다	일본	영국, 호주	프랑스	이탈리아	유럽
XS	44 (85)	2	44	4-6	34	80	34
S	55 (90)	4	55	8-10	36	90	36
M	66 (95)	6	66	10-12	38	95	38
L	77 (100)	8	77	16 - 18	40, 42	100	40
XL	88 (105)	10	88L	20 - 22	44, 46, 48	105	42
XXL	110	12	–	–	50, 52, 54	110	44

남성의류	한국	미국	일본	영국	프랑스	유럽
XS	85	85 - 90 / 14	S / 36	0	40	44 - 46
S	90	90 - 95 / 15	M / 38	1	42, 44	46
M	95	95 - 100 / 15.5 - 16	L / 40	2	46, 48	48
L	100	100 - 105 / 16.5	LL, XL / 42	3	50, 52	50
XL	105	105 - 110 / 17.5	44	4	54, 56, 58	52
XXL	110	110 ~	46	5	60, 62	54

아동의류

남자 2-7세		남자 8-14세		여자 2-7세		여자 8-14세	
사이즈	키	사이즈	키	사이즈	키	사이즈	키
2T	84 – 91	8	123 – 127	2T	84 – 91	7	91 – 99
3T	91 – 99	10	128 – 137	3T	91 – 99		124 – 130
4T	91 – 99	12	138 – 147	4T	91 – 99	8	131 – 135
4	99 – 107	14	149 – 155	4	99 – 107	10	136 – 140
5	107 – 114	16	156 – 163	5	107 – 114	12	141 – 146
6	114 – 122	18	164 – 168	6	114 – 122	14	147 – 152
7	122 – 130	20	169 – 173	6X	122 – 130	16	154 – 159

신발	미국(남)	미국(여)	일본	유럽(남)	유럽(여)	영국(남)	영국(여)
210	-	4	21	-	34	-	2
220	-	5	22	-	35.5	-	3
230	5	6	23	36.5	36	4.5	4
240	6.5	7.5	24	38	37.5	6	5.5
250	7.5	8.5	25	39	38.5	7	6.5
260	9	10	26	41	40	8.5	8
270	10	11	27	43	42	9.5	9
280	11	12	28	45	43	10.5	9.5
290	12	13	29	46	44	11.5	10

온도

섭씨	화씨
-17.7℃	0 ℉
-10℃	14 ℉
0℃	32 ℉
10℃	50 ℉
20℃	68 ℉
36℃	96.8 ℉
100℃	212 ℉

길이

단위	센티미터
1인치(inch)	2.54 cm
1피트(ft)	30.48 cm
1야드(yd)	91.44 cm
1마일(mile)	160cm

넓이

단위	제곱미터
1평	3.3 ㎡
1에이커(ac)	4046 ㎡
1헥타르(ha)	10,000 ㎡
1마일(mile)	1.6㎢

무게

단위	그램
1온스(oz)	28.3g
1파운드(lb)	453.5g
1돈	3.75g

부피

단위	리터, 밀리리터
1갤런(gal)	3.78 L
1온스(oz)	29.5mL
1파인트(pt)	0.568mL

유럽 20국 인사말과 감사표현

각 나라의 언어로 인사를 하고 감사를 표현하는 것은 그 나라를 여행하는데 최소한의 예의이며, 꽤 많은 혜택을 가져다줍니다. 물건을 살 때 덤을 준다든지, 음식에서 서비스를 주기도 합니다. (출처 http://www.omniglot.com/)

나라	안녕하세요	감사합니다
그리스	Γειά σας 야사스	Ευχαριστώ 에페리스토
네덜란드	Hallo 할로	Dank u 당크
노르웨이	Hallo 할로	Takk 탁키
덴마크	Hej 헤이	Tak 탁
독일	Hallo 할로	Danke 당케
러시아	Здравствуйте 즈드라스트부이테	Спасибо 스파이씨바
루마니아	Bună ziua 부너지우아	Mulţumesc 물쭈메스크
불가리아	Здравейте 즈드라베이테	благодаря 블라고다랴
스웨덴	Hej 헤이	Tack 탁
스페인	Hola 올라	Gracias 그라시아스
아일랜드	Dia dhuit 디어 구엣ㄸ	Go raibh maith agat 고라입마 하그엇
우크라이나	Вітаю 비타유	Дякую 뎌쿠유
웨일즈	Helô 헬로	Diolch 디어ㅋ
이탈리아	Ciao 챠오	Grazie 그라치에
체코	Ahoj 아호이	Děkuji 제꾸이
터키	Merhaba / Selam 멜하바/쎌람	Teşekkür ederim 테섹큐르 에데림
폴란드	Cześć 체시치	Dziękuję 지엥쿠예
프랑스	Bonjour 봉주르	Merci 메르씨
핀란드	Terve / Hei 떼르베/헤이	Kiitos 끼이토스
헝가리	Szia 씨어	Köszi 꾀씨

유용한 사이트

유럽 관련 카페
유랑최대 카페 cafe.naver.com/firenze, **여사랑** cafe.naver.com/zzop
퐁당유럽 cafe.naver.com/pongdangeu, **유빙**자동차 여행 cafe.naver.com/
eurodriving, **배낭 길잡이** cafe.daum.net/bpguide, **넘버원 유럽여행**공동구
매 cafe.daum.net/daumtour **유텔**숙박리뷰 이벤트 cafe.naver.com/eutell

여행 정보, 잡지
트립 어드바이저리뷰 tripadvisor.co.kr, **위키피디아**백과사전 wikipedia.org
구글 번역기 translate.google.co.kr, **론리플래닛**가이드북 lonelyplanet.com,
뚜르드몽드잡지 tourdemonde.com, **바앤다이닝**잡지 barndining.com

숙소 예약
항공권 비교 rome2rio.com, whypaymore.co.kr, kayak.com
호텔 예약 agoda.com, expedia.co.kr, hotels.com
호스텔 예약 hostelworld.com, hostelbookers.com, hihostel.com
기타 숙소 예약 airbnb.co.kr, couchsurfing.com

기차
유레일 kr.eurail.com **이탈리아** lefrecce.it, **유럽**경로 탐색 raileurope.co.kr,
독일 reiseauskunft.bahn.de/bin/query.exe/en, **쿠폰** couponfollow.
com/site/raileurope.com

패키지, 가이드 투어
하나투어최대 여행사 hanatour.com, **모두투어** modetour.com,
헬로우 유럽가이드 투어 helloeurope.co.kr, **자전거나라**가이드 투어 eurobike.kr,
프라하 팁투어 cafe.naver.com/ruexp **크루즈나라** cruznara.com

한영사전 590단어

이 책에 수록된 모든 단어와 여행에 유용한 단어 591개를 엄선했습니다.
전자사전이나 휴대폰으로 검색하는 것보다 빠르게 검색할 수 있습니다.

전치사

(~과) 함께	with 윋ㄸ
~(의 방향)으로	to 투
~로 부터	from 프럼
~앞에	in front of 인프런터브
~옆에	next to 넥스투
~을 위해	for 폴
~하지 않는다	don't 도운트

월

1월	January 재뉴어리
2월	February 페뷰러리
3월	March 말치
4월	April 에이프럴
5월	May 메이
6월	June 쥬운
7월	July 쥴라이
8월	August 어거ㅅㅌ
9월	September 셉템벌
10월	October 악토우벌
11월	November 너벰벌
12월	December 디쎔벌

요일

월요일	Monday 먼데이
화요일	Tuesday 튜즈데이
수요일	Wednesday 웬즈데이
목요일	Thursday 떨즈데이
금요일	Friday 프라이데이
토요일	Saturday 쌔럴데이
일요일	Sunday 썬데이

ㄱ

가게	shop 샾(ㅍ)
가격표	price tag 프라이ㅆ 택ㄱ
가까운	close 클로우ㅈ
가다	go 고우
가방	bag 백(ㄱ)
가장 가까운	nearest 니얼리ㅅㅌ
가장 싼	cheapest 취피ㅅㅌ
가장 좋아하는	favorite 페이버맅(ㅌ)
가전제품	electronics 일렉트로닉ㅆ
가전제품	home appliance 호옴어플라이언ㅅ
가져가다	take 테익(ㅋ)
가족	family 패밀리
가지다, 먹다	have 해브
갈아타다, 이체하다	transfer 트랜쓰펄
감기, 추운	cold 코올드
감자	potato 포테이로
같은	same 쎄임
같은 것	the same 더 쎄임
개	dog 더억(ㄱ)
거리 이동 공연	parade 퍼레이드
건물이이어진덩어리	block 블락(ㅋ)
걸어서	on foot 온 풑(ㅌ)
건너다	cross ㅋ러ㅆ
검사	inspection 인ㅅ펙션
경로	route 룰(ㅌ)
경유하다	via 비어
경찰	police 펄리ㅅ
계곡	valley 밸리ㅡ
계산서	bill 빌
계산서	check 췍(ㅋ)
계좌	account 어카운ㅌ
계좌번호	account number 어카운ㅌ 넘벌

계획	schedule 스케쥴
고급	advanced 어드밴ㅆㄷ
고기	meat 미잍(ㅌ)
고속버스	express bus 익ㅆ프뤠ㅆ 버ㅅ
고양이	cat 캩(ㅌ)
고장난	broken 브로큰
고치다	fix 픽ㅆ
공공의	public 퍼블릭ㅋ
공부	study ㅅ터디
공산주의자	communist 커뮤니ㅅㅌ
공연	show 쇼우
공원	park 팔ㅋ
공중전화	payphone 페이포운
공항	airport 에일폴ㅌ
과일	fruit 프뤁(ㅌ)
관광	sightseeing 싸잍씨잉
관광 대상	attraction 어트뤡션
관광명소	tourist attraction 투얼리ㅅㅌ 어트뤡션
관세,세관	customs 커ㅅ텀ㅆ
괜찮은	fine 파인
교환하다, 환전	exchange 익ㅆ췌인쥐
구역질나는	nauseous 너셔ㅆ
국가의	national 내셔널
국내 항공기	domestic flights 더미ㅅ틱 플라읻ㅊ
국립공원	National Park 내셔널 팔ㅋ
국수	noodle 누들
국제 항공기	international flights 인터내셔널 플라읻ㅊ
국제의	international 인터내셔널
그것은, 그것을	it 잍(ㅌ)
그룹	group 그룹(ㅍ)
글피	day after tomorrow 데이 애프털 투마로우

기념품	souvenir 쑤버니얼
기다리다	wait 웨잍(ㅌ)
기차	train 트뤠인
기침	cough 커프
긴	long 렁
길, 방법	way 웨이
길을 잃은	lost 러스트
깨지기 쉬운	fragile 프래쥐얼
끓인	boiled 보일드
끔찍한	terrible 테러블

ㄴ

나 자신을	myself 마이쎌프
나는	I 아이
나를	me 미
나의	my 마이
나의 것인	mine 마인
낚시 하기	fishing 피싱
날	day 데이
날짜	date 데잍(ㅌ)
남녀공용	unisex 유니쎅스
남자친구	boyfriend 보이프렌드
내리다	get off 게러프
내일	tomorrow 투마로우
냅킨	napkin 냅킨
눈	eye 아이
느끼한	greasy 그리씨
느린	slow 슬로우

ㄷ

다른	different 디퍼런트
다리	bridge 브륃쮜
다음	next 넥스트
다친	hurt 헐트
단	sweet 스윝(ㅌ)
닫는	closing 클로우징
닫는 시간	closing time 클로우징 타임
닫힌, 영업이 끝난	closed 클로우즈ㄷ
닭고기	chicken 취킨
담배	cigarette 씨거뤹트
담배피우다	smoke 스모욱(ㄱ)
담요	blanket 블랭킽(ㅌ)
당신은, 당신을	you 유
당신의	your 유얼
대사관	embassy 엠버씨
더 많은	more 모얼

더 빠른	faster 패스털
더 좋은	better 베럴
더러운	dirty 더리
도시 여행 프로그램	
city tour program	씨리투얼 프러ㄱ램
도착	arrival 어라이벌
돌려주다	return 뤼털언
돕다	help 헬(ㅍ)
두통	headache 헤데잌(ㅋ)
둘인	two 투
드라이어	hair dryer 헤열 드롸이열
드레스 코드	dress code 드레스 코우ㄷ
드레싱	dressing 드뤠씽
들어가다	enter 엔털
등산 (가벼운)	hiking 하이킹
디저트	dessert 디절트
딸	daughter 더럴
떨어뜨리다	drop 드뢉(ㅍ)
떨어지다	run out of 뤄나우럽

ㄹ

랍스터	lobster 랍스털
래프팅(급류타기)	rafting 뢔프팅
렌터카 rent-a-car 차를 빌리는 것	
로비	lobby 라비
로션	lotion 로우션
롤러코스터	roller-coaster 륄럴-커스털
리모컨	remote control 뤼모욀(ㅌ)컨트로울
리프트, 엘리베이터	lift 리프트
린스	conditioner 컨디셔널

ㅁ

마늘	garlic 갈릭
마시다, 마실것	drink 드륑크
마을,지역	town 타운
만기일	due date 듀 데잍(ㅌ)
많은 (수가)	many 매니
많은 (양이)	much 머취
말하다	tell 텔
맛있는	delicious 딜리셔스
매운	spicy 스파이씨
매운, 뜨거운	hot 핱(ㅌ)
매진된	sold out 쏠드아웉(ㅌ)
매표소	box office 박스 어피스
매표소	ticket booth 티킽 부뜨

매표소	ticket counter 티킷 카운털
매표소	ticket office 티키 러피쓰
맥주	beer 비열
머리	head 헤(ㄷ)
머리카락	hair 헤열
머물다	stay 스테이
먹다	eat 이잍(ㅌ)
먼	far 팔
멈추다, 정류소	stop 스탑
메뉴	menu 메뉴
면도세트	shaving kit 쉐이빙 킽(ㅌ)
면세점	duty-free shop 듀리프리 샵
면세점	perfume 펄퓸
면허증	liscense 라이쎈스
명령하다, 주문하다	order 오덜
명함	business card 비즈니스 카알ㄷ
목도리	muffler 머플럴
목도리	scarf 스카알프
목이 아픔	sore throat 쏘얼 뜨로읕(ㅌ)
목적	purpose 펄포우즈
목적지	destination 데스티네이션
무료의	complimentary 컴플리멘터리
무선 인터넷	wireless internet 와이얼리쓰 인털넽(ㅌ)
문	door 도열
문어	octopus 악터퍼쓰
물	water 워럴
물고기	fish 피쉬
뮤지컬	musical 뮤지컬
미술관	art gallery 알트 갤러리
미술관	gallery 갤러리
미안한	sorry 써뤼
민속의	traditional 트래디셔널

ㅂ

바꾸다, 잔돈	change 췌인쥐
바짝구운	well-done 웰-던
박물관	musium 뮤지엄
반창고	band-aid 밴데이드
방	room 룸
방 번호	room number 룸 넘벌
방해하다	disturb 디스털브
배낭	backpack 백팩(ㅋ)
배터리	battery 배러리
백화점	department store 디팔트먼트 스토얼
버섯	mushroom 머쉬룸

버스로	by bus	바이 버쓰
버스정류소	bus stop	버쓰 스탑
버터	butter	버럴
번지 점프	bungee jump	번지 쩜프
베개	pillow	필로우
베이컨	bacon	베이컨
병	bottle	바를
병따개	opener	어프널
병원	hospital	하스피럴
보(이)다	see	씨이
보관소	storage room	스터뤼쥐 룸
보관하다, 지키다	keep	킾(ㅍ)
보내다	send	쎈드
보석	jewel	쥬얼
보석	jewelry	쥬얼뤼
보증금	deposit	디파짙(ㅌ)
보험	insurance	인슈어런쓰
복도 좌석	aisle seat	아일 씯(ㅌ)
봉투	envelope	엔벌롶(ㅍ)
부르다	call	컬
부탁합니다	please	플리즈
분(시간)	minute	미닡(ㅌ)
불에 구운	roast	로우스트
불편한	uncomfortable	언컴퍼러블
비누	soap	쏘웊(ㅍ)
비닐봉지	plastic bag	플라스틱 백(ㄱ)
비밀번호	password	패쓰월드
비상구	emergency exit	이멀전씨 엑씯(ㅌ)
비싼	expensive	익쓰펜씨브
비자	visa	비자
비행기	flight	플라잍(ㅌ)
비행기	plane	플레인
비행기짐	overhead compartment	오벌헤드 컴팔트먼트
빌딩	building	빌딩
빌리다	borrow	바로우
빌리다	rent	뤤트
빨래방	laundry room	런드리 룸

人

사고	accident	액씨던트
사다	buy	바이
사라진	missing	미씽
사마리아(지역)	Samaria	사마리아
사용하다	use	유즈
사자	lion	라이언
사전	dictionary	딕쎠네리

사진	photo	포우로우
사진, 그림	picture	픽철
사진을 찍다	take a picture	테이커 픽철
상태모습이다	is	이즈
새우	shrimp	쉬림ㅍ
색깔	color	컬럴
(거의)생구이	rare	뤠얼
생맥주	draft beer	드래프트 비얼
선물	gift	기프트
설사	diarrhea	다이어리아
설탕	sugar	슈걸
세금	tax	택ㅆ
세면도구	toiletries	터일렡트뤼즈
센티미터	centimeter	쎈티미털
소개하다	introduce	인트로듀쓰
소고기	beef	비잎(ㅍ)
소방서	fire department	파이얼 디팔트먼트
소세지	sausage	써씌쥐
소스	sauce	써쓰
소포	parcel	팔쓸
소화(음식물의)	digestion	다이제스쳔
솜사탕	cotton candy	컽튼캔디
쇼핑	shopping	샤핑
수건	towel	타우얼
수수료	commission	커미션
수술	surgery	썰저리
수신자 부담 전화	collect call	컬렉트 컬
수프	soup	쑾(ㅍ)
숟가락	spoon	ㅅ푼
숫자	number	넘벌
쉬다	relax	륄랙ㅆ
슈퍼마켓	supermarket	수펄말킽
스노보딩	snowboarding	ㅅ노우볼딩
스위스의 서서 타는 자전거	trottibike	트러티바이크
스키 타기	skiing	ㅅ키잉
스테이크	steak	ㅅ테익(ㅋ)
승무원	flight attendant	플라잍(ㅌ)어텐던트
시간	hour	아월
시간표	timetable	타임테이블
시리얼	cereal	씨뤼얼
식중독	food poisoning	푸드 파이즈닝
식초	venegar	비니걸
신	sour	싸우얼
신라면	shin-ramen	쉰-라멘

신문	newspaper	뉴스페이펄
신발	shoes	슈즈
신용카드	credit card	크레딭(ㅌ)카알드
신전	temple	템플
신호등	traffic light	트래픽 라잍
심각한, 진심인	serious	씨뤼어쓰
싸다	wrap	뤱(ㅍ)
쓰다	write	롸잍(ㅌ)
쓴 맛인	bitter	비럴

ㅇ

아닌	not	낱(ㅌ)
아들	son	썬
아름다운	beautiful	뷰리플
아무것도 첨가되지 않은	plain	플레인
아빠	father	파덜
아스피린	aspirin	애스퍼린
아이스크림	ice cream	아이ㅆ 크뤼임
아침식사	breakfast	ㅂ뤡퍼스트
아테네(그리스)	Athen	아텐
아픈	sick	씩ㅋ
안내서	brochure	브로슈얼
안내소	help desk	헬프 데스ㅋ
안내소	information desk	인폴메이션데스ㅋ
안내소	information office	인폴메이션어피ㅆ
안전벨트	seatbelt	씨앝(ㅌ)벨트
알레르기	allergy	엘러쥐
알약	tablet	태블맅(ㅌ)
앰뷸런스	ambulance	앰뷸런ㅆ
약	medicine	메드쓴
약국	drugstore	ㄷ뤅스토얼
약속	appointment	어포인트먼트
양파	onion	어니언
어떻게, 얼마나	how	하우ㅆ와이ㅍ
어제	yesterday	예스털데이
어지러운	dizzy	디지
얼마나, 어떻게	how	하우
엄마	mother	머덜
업무	business	비즈니ㅆ
엉덩이	butt	밭(ㅌ)
에어컨	air conditioner	에얼 컨디셔널
에피타이저(전식)	appetizer	애피타이절
엘리베이터	elevator	엘리베이럴

엘리베이터, 리프트 lift 리프ㅌ
여권 passport 패ㅆ폴ㅌ
여는 opening 어프닝
여는 시간 opening time 어프닝 타임
여분의 extra 엑ㅅㅌ러
여자친구 girlfriend 거얼프렌ㄷ
여행 travel ㅌ래블
여행가방, 캐리어 suitcase 쑽(ㅌ)케이ㅅ
여행객 tourist 투얼뤼ㅅㅌ
여행사 travel agency ㅌ래블 에이전씨
여행자 수표 traveler's check ㅌ래블럴ㅅ 췌ㅋ
연고 ointment 오인ㅌ먼ㅌ
연극 play 플레이
연락하다, 접촉하다 contact 컨택ㅌ
연어 salmon 쌔먼
열 fever 피벌
열린, 열다 open 어픈
열쇠 key 키이
염색하다 dye 다이
엽서 post card 포우ㅅㅌ 카알ㄷ
영수증 receipt 뤼씨잍(ㅌ)
영화관 movie theater 무비 씨어럴
예약 reservation 레졀베이션
예약하다 (자리를) reserve 뤼졀ㅂ
예약하다(호텔을), 책 book 북(ㅋ)
오늘 today 투데이
오늘의 특별요리 Today's Special 투데이ㅈ 스페셜
오다 come 컴
오른쪽, 옳은 right 롸잍(ㅌ)
오른쪽으로 돌다 turn right 털언 롸잍(ㅌ)
오븐에 구운 baked 베잌ㅌ
오징어 squid ㅅ쿠이ㄷ
온도 temperature 템퍼러철
옳은, 오른쪽 right 롸잍(ㅌ)
옷, 소지품 보관소 cloakroom 클럭룸
와이파이 wifi 와이파이
와인 wine 와인
왕 king 킹
왕복표 round trip ticket 라운ㄷ ㅌ립 티킽(ㅌ)
왼쪽 left 레프ㅌ
왼쪽으로 돌다 turn left 털언 레프ㅌ
요거트 yogurt 요걸ㅌ
요금 charge 찰쥐
요금 fare 페얼
요금 fee 피이
욕실, 화장실 bathroom 배ㄸ룸
우유 milk 밀ㅋ
우체국 post office 포우ㅅㅌ 어피ㅆ
우편함 mailbox 메일박ㅆ
우표 stamp ㅅ탬ㅍ
원하다 want 원ㅌ
월 month 먼ㄸ
웹사이트 website 웹싸잍(ㅌ)
윈드서핑 windsurfing 윈ㄷ썰핑
유람선 여행 cruise ㅋ루우ㅈ
유스호스텔 youth hostel 유ㄸ 허ㅅ텔
유효한(사용 가능한) valid 밸리ㄷ
은행 bank 뱅ㅋ
음료수 beverage 베버뤼쥐
음식물싸는 봉투 doggie bag 더기 백(ㄱ)
음식점 restaurant 뤠ㅅ터뤙ㅌ
응급 emergency 이멀전씨
응급조치 first aid 펄ㅅㅌ 에이ㄷ
이(것) this 디ㅆ
이(것들) these 디ㅈ
이동수단 transport ㅌ랜ㅅ폴ㅌ
이름 name 네임
이체하다, 갈아타다 transfer ㅌ랜ㅆ펄
이해하다 understand 언덜ㅅ탠ㄷ
인기있는 popular 파퓰럴
인터넷 internet 인털넽(ㅌ)
인터미션(휴식시간) intermission 인털미션
일(하다) work 월ㅋ
일등석 first class 펄스트 클라ㅅ
입다 wear 웨얼
입장료 admission charge 어ㄷ미션 찰쥐
입장료 entrance fee 엔ㅌ랜ㅆ 피이

ㅈ

자다 sleep 슬리잎(ㅍ)
자르다 cut 컽(ㅌ)
자외선 차단제 sunscreen 썬ㅅㅋ뤼인
자전거 bicycle 바이씨클
작동하는 working 월킹
작은 small ㅅ멀
잔고, 균형 balance 밸런ㅆ
잘못 fault 펄ㅌ
잡지 magazine 메거진
장난감 toy 토이
장미 rose 로우ㅈ
잼 jam 쨈
저(것) that 댙ㅌ
저(것들) those 도우ㅈ
저녁 dinner 디널
전자렌지 microwave 마이ㅋ로웨이ㅂ
전화 telephone 텔레포운
전화를 끊다 hang up 행엎(ㅍ)
전화번호 phone number 포운 넘벌
점심 식사 lunch 런취
점포정리 세일 clearance sale 클리어뤈ㅆ 쎄일
접촉하다, 연락하다 contact 컨택ㅌ
젓가락 chopstick 찹ㅆ팈(ㅋ)
정각 O'clock 어클락(ㅋ)
정류소, 멈추다 stop ㅅ탑
제공하다 offer 어펄
제한 restriction 뤼ㅅㅌ릭션
좌석 seat 씨잍ㅌ
주 week 위잌ㅋ
주다 give 기ㅂ
주문하다, 명령하다 order 오럴
주부 housewife 하우ㅆ와이ㅍ
주소 address 애ㄷ뤠ㅆ
주장하다 claim 클레임
주차 parking 팔킹
주택 villa 빌러
중간 (구운 것) medium 미디엄
중급 intermediate 인털미디얼(ㅌ)
쥬스 juice 쥬ㅆ
지갑 purse 펄ㅆ
지갑 wallet 월릩(ㅌ)
지난, 마지막 last 라ㅅㅌ
지도 map 맾(ㅍ)
지루한 boring 보올링
지불하다 pay 페이
지연 delay 딜레이
지키다, 보관하다 keep 킾(ㅍ)
지하철 subway 썹웨이
직장동료 co-worker 커-월컬
진심인, 심각한 serious 씨뤼어ㅆ
진통제 painkiller 페인킬럴
짐 baggage 배기쥐
짐꾼 porter 포럴
짐을 찾는 곳 baggage claim 배기쥐 클레임
짠 salty 설티
짧은 short 숄ㅌ
찐 steamed ㅅ티임ㄷ

ㅊ

차지된	occupied	아큐파이드
참치	tuna	튜너
창가 좌석	window seat	윈도우 씰
채소	vegetable	베쥐터블
채식주의자	vegetarian	베지테리언
채우다 (빈칸 등을)	fill out	필라웉
책, (호텔을) 예약하다	book	북ㅋ
처방전	prescription	프리스크륍쎤
체크인	check in	췌킨
초(시간)	second	쎄컨드
초급(자)	beginner	비기널
초콜릿	chocolate	촤컬맅(ㅌ)
추운, 감기	cold	코울드
추천하다	recommend	뤠커멘드
출구	exit	엑싵(ㅌ)
출구	gate	게잍(ㅌ)
출금하다	withdraw	윋드러
출발	departure	디팔춰
취소하다	cancel	캔쓸
치과의사	dentist	덴티스트
치료	treatment	트뤼잍(ㅌ)먼트
치즈	cheese	취이즈
친구	friend	프뤤드
친척	relative	뤨러티브
칠면조	turkey	털키
침대	bed	베드
칫솔	tooth brush	투뜨 브뤄쉬

ㅋ

카드	card	카알드
카메라	camera	캐머뤄
칵테일 라운지	cocktail lounge	칵테일 라운쥐
칼	knife	나이프
캐리어, 여행가방	suitcase	쑡케이쓰
캠핑장	campsite	캠프싸잍(ㅌ)
컵	cup	컾(ㅍ)
케첩	ketchup	켙춰(ㅍ)
코	nose	노우즈
콘센트	outlet	아웉렡(ㅌ)
콜라	coke	코욱(ㅋ)
콧물	runny nose	뤄니 노우즈
콩	bean	비인
쿠폰	coupon	큐판

크기	size	싸이즈
크리스마스	Christmas	크리스마쓰
큰	large	랄쥐
키보드	keyboard	키볼드

ㅌ

타다	get on	게론
타다	ride	롸이드
탈의실	fitting room	피팅 룸
탈의실	locker room	락컬 룸
탑승 (항공기)	boarding	볼딩
탑승권	boarding pass	볼딩 패쓰
택시	taxi	택씨
택시승차장	taxi stand	택씨 스탠드
터미널	terminal	털미널
토마토	tomato	터메이러
토하다	throw up	뜨로우 엎(ㅍ)
토하다	vomit	바밑(ㅌ)
튀긴	fried	프라이드
특별한	special	스페셜
틀린	wrong	륑

ㅍ

파마	perm	펄엄
팔	arm	알암
팝콘	pop corn	팝콜온
패러글라이딩	paragliding	패러글라이딩
펜	pen	펜
편도표	one-way ticket	원-웨이티킽트
편안한	comfortable	컴폴터블
편의점	convenience store	컨비니언스 스토얼
편지	letter	레럴
포도	grape	그뤠잎ㅍ
포함하다	include	인클루드
폭풍	storm	스톨옴
퐁듀	fondue	펀듀
표	ticket	티킽트
프리사이즈	one-size-fits-all	원-싸이즈-핏츠-얼
프린터	printer	프륀털
피	blood	블러드
피클	pickles	피클쓰
필요하다	need	니이드

ㅎ

하나 더	one more	원 모얼
하나인	one	원
학생	student	스투던트
한국	Korea	커뤼아
한국 대사관	Korean embassy	커뤼언 엠버씨
한국음식	korean food	커뤼언 푸드
할인(하다)	discount	디스카운트
항공회사	airline	에얼라인
항구	port	폴트
해물	seafood	씨푸드
햄버거	hamburger	햄벌걸
허락하다	allow	얼라우
허벅지	thigh	따이
현금인출기	ATM	에이티엠
호텔	hotel	허텔
호텔에서 나가는 절차	check out	체카웉(ㅌ)
홈스테이	homestay	호움스테이
화장실	toilet	터일렡
화장실	restroom	뤠스트룸
화장실, 욕실	bathroom	배뜨룸
화장실	lavatory	래버터리
화장품	cosmetics	커쓰메릭쓰
환율	exchange rate	익쓰췌인쥐 뤠잍드
환전, 교환하다	exchange	익쓰췌인쥐
환풍기	fan	팬
회사	company	컴퍼니
후추	pepper	페펄
훔쳐진	stolen	스털른
휘저어만든 계란	scrambled egg	스크램블드 엑그
휴가	vacation	베이케이션
휴가중인	on vacation	온 베이케이션
휴대전화	cell phone	쎌 포운
휴일	holiday	할러데이
흥미있는	interesting	인터뤠스팅
히터	heater	히털

영한사전 578단어

이 책에 수록된 모든 단어와 여행에 유용한 단어 578개를 엄선했습니다.
전자사전이나 휴대폰으로 검색하는 것보다 빠르게 검색하실 수 있습니다.

goo.gl/1nrDHQ

A

accident 액씨던트	사고
account 어카운트	계좌
account number 계좌번호 어카운트 넘벌	
address 애드레스	주소
admission charge 입장료 어드미쎤 찰쥐	
advanced 어드밴쓰드	고급
air conditioner 에어컨 에얼 컨디쎠널	
airline 에얼라인	항공회사
airport 에얼포트	공항
aisle seat 아일 씰(트)	복도 좌석
allergy 앨러쥐	알레르기
allow 얼라우	허락하다
ambulance 앰뷸런스	앰뷸런스
appetizer 애피타이절	전식
appointment 어포인트먼트	약속
April 에이프럴	4월
arm 알암	팔
arrival 얼라이벌	도착
art gallery 알트 갤러리	미술관
aspirin 애스퍼린	아스피린
Athen 아덴	아테네(그리스)
ATM 에이티엠	현금인출기
attraction 어트랙션	관광 대상
August 어거스트	8월

B

backpack 백팩(ㅋ)	배낭
bacon 베이컨	베이컨
bag 백(ㄱ)	가방
baggage 배기쥐	짐

baggage claim 짐을 찾는 곳 배기쥐 클레임	
baked 베익트	오븐에 구운
balance 밸런쓰	잔고, 균형
band-aid 밴데이드	반창고
bank 뱅크	은행
bathroom 배쓰룸	화장실, 욕실
battery 배러리	배터리
bean 비인	콩
beautiful 뷰티풀	아름다운
bed 베드	침대
beef 비이프	소고기
beer 비얼	맥주
beginner 비기널	초급(자)
better 베럴	더 좋은
beverage 베버륏쥐	음료수
bicycle 바이씨클	자전거
bill 빌	계산서
bitter 비럴	쓴 맛의
blanket 블랭킷(트)	담요
block 블락크 건물이 이어진 덩어리	
blood 블러드	피
boarding 볼딩	(항공기) 탑승
boarding pass 볼딩 패쓰 탑승권	
boiled 보일드	끓인
book 북크 (호텔을) 예약하다, 책	
boring 보얼링	지루한
borrow 바로우	빌리다
bottle 바를	병
box office 박쓰 어피쓰	매표소
boyfriend 보이프렌드	남자친구
breakfast ㅂ뤡퍼스트	아침식사
bridge ㅂ륃쥐	다리
brochure ㅂ로슈얼 작은 책자, 안내서	
broken ㅂ로큰	고장난
building 빌딩	빌딩

bungee jump 번쥐 쩜프 번지 점프	
bus stop 버쓰 스탑 버스정류소	
business 비즈니쓰	업무
business card 비즈니쓰 카알드 명함	
butt 벝(트)	엉덩이
butter 버럴	버터
buy 바이	사다
by bus 바이 버쓰	버스로

C

call 컬	부르다, 전화하다
camera 캐머러	카메라
campsite 캠프싸이트	캠핑장
can 캔	~할 수 있다
cancel 캔쓸	취소하다
card 카알드	카드
cat 캩(트)	고양이
cell phone 쎌 포운	휴대전화
centimeter 쎈티미털	센티미터
cereal 씨뤼얼	시리얼
change 체인쥐	바꾸다, 잔돈
charge 찰쥐	요금
cheapest 취피스트	가장 싼
check 췤(ㅋ)	계산서
check in 췌크인	체크인
check out 호텔에서 나가는 절차 체카울(트)	
cheese 취이즈	치즈
chicken 취킨	닭고기
chocolate 촤컬맅(트)	초콜릿
chopstick 찹스틱(ㅋ)	젓가락
Christmas 크리스머스	크리스마스
cigarette 씨거뤹(트)	담배
city tour program 씨리투얼 프러ㄱ램 도시 여행 프로그램	
claim 클레임	주장하다

clearance sale 점포정리 세일
클리어런스 쎄일

cloakroom 클록룸 옷, 소지품 보관소

close 클로우ㅈ　　　　가까운

closed 클로우ㅈㄷ　닫힌, 영업이 끝난

closing 클로우징　　　　닫는

closing time 클로징 타임 닫는 시간

cocktail lounge 칵테일 라운지
칵테일 라운지

coke 코욱(ㅋ)　　　　콜라

cold 코올ㄷ　　　추운, 감기

collect call 컬렉ㅌ 컬 수신자부담전화

color 컬러　　　　색깔

come 컴　　　　　오다

comfortable 컴퍼러블　편안한

commission 커미쎤　수수료

communist 커뮤니스ㅌ 공산주의자

company 컴퍼니　　　회사

complimentary 컴플리멘터리 무료의

conditioner 컨디셔널　린스

contact 컨택ㅌ 연락하다, 접촉하다

convenience store 편의점
컨비니언스 스토얼

cosmetics 커즈메릭ㅅ　화장품

cotton candy 컬튼캔디 솜사탕

cough 커퍼　　　　기침

coupon 큐판　　　쿠폰

co-worker 커-월컬 직장동료

credit card 크뤠딧ㅌ 카알ㄷ 신용카드

cross 크러쓰 길을 건너다, 십자가

cruise 크루우ㅈ　유람선 여행

cup 컵(ㅍ)　　　　　컵

customs 커스텀ㅅ　관세,세관

cut 컽(ㅌ)　　　　자르다

D

date 데읻(ㅌ)　　　날짜

daughter 더럴　　　　딸

day 데이　　　　　날

day after tomorrow 글피
데이 애프털 투마로우

December 디쎔벌　　12월

delay 딜레이　　　　지연

delicious 딜리셔ㅅ　맛있는

dentist 덴티ㅅㅌ　치과의사

department store　백화점
디팔ㅌ먼ㅌ 스토얼

departure 디팔철　　출발

deposit 디파짙(ㅌ)　보증금

dessert 디절ㅌ　　　디저트

destination 데스티네이션 목적지

diarrhea 다이어리아　설사

dictionary 딕셔네리　사전

different 디퍼런ㅌ　　다른

digestion 다이제스쳔 (음식물의)소화

dinner 디널　　　　저녁

dirty 더리　　　　더러운

discount 디쓰카운ㅌ 할인(하다)

disturb 디스털ㅂ　방해하다

dizzy 디지　　　어지러운

dog 더억(ㄱ)　　　개

doggie bag 음식물싸는 봉투
더기 백(ㄱ)

domestic flights 국내 항공기
더미스틱 플라잍ㅊ

don't 도운ㅌ　　~하지 않는다

door 도얼　　　　문

draft beer ㄷ래프ㅌ 비얼 생맥주

dress code　드레스 코드
ㄷ레쓰 코우ㄷ

dressing ㄷ레씽　　드레싱

drink ㄷ륑ㅋ　마시다, 마실것

drop ㄷ랍ㅍ　　떨어뜨리다

drugstore ㄷ뤅스토얼　약국

due date 듀 데잍ㅌ　만기일

duty-free shop 듀리프리 샵 면세점

dye 다이　　　　염색하다

E

eat 이잍(ㅌ)　　　먹다

electronics 알렉ㅌ로닉ㅅ 가전제품

elevator 엘러베이럴 엘리베이터

embassy 엠버씨　　대사관

emergency 이멀전씨　응급

emergency exit　비상구
이멀전씨 엑씰(ㅌ)

enter 엔털　　　들어가다

entrance fee 엔ㅌ랜ㅅ 피이 입장료

envelope 엔벌롶(ㅍ)　봉투

exchange 익ㅅ췌인쥐 환전,교환하다

exchange rate　　환율
익ㅅ췌인쥐 뤠일(ㅌ)

exit 엑앁(ㅌ)　　　출구

expensive 익ㅅ펜씨ㅂ　비싼

express bus　　고속버스
익ㅅ프레쓰 버ㅅ

extra 엑ㅅ트러　　여분의

eye 아이　　　　　눈

F

family 패밀리　　　가족

fan 팬　　　　　환풍기

far 팔　　　　　　먼

fare 페얼　　　　요금

faster 패ㅅ털　　더 빠른

father 파덜　　　　아빠

fault 펄ㅌ　　　　잘못

favorite 페이버륕(ㅌ) 가장 좋아하는

February 페뷰러리　2월

fee 피이　　　　요금

fever 피벌　　　　열

fill out 필라울(ㅌ) (빈칸을) 채우다

fine 파인　　　괜찮은

fire department　소방서
파이얼 디팔ㅌ먼트

first aid 펄ㅅㅌ 에이ㄷ 응급조치

first class 펄ㅅㅌ 클라ㅅ 1등석

fish 피쉬　　　　물고기

fishing 피슁　　낚시 하기

fitting room 피팅 룸　탈의실

fix 픽ㅆ　　　　고치다

flight 플라잍(ㅌ)　비행기

flight attendant　승무원
플라잍(ㅌ) 어텐던ㅌ

fondue 펀듀　　　풍듀

food poisoning　식중독
푸ㄷ 퍼이즈닝

for 폴　　　　~을 위해

fragile ㅍ래짜일 깨지기 쉬운

Friday 프라이데이　금요일

fried 프라이ㄷ　　튀긴

friend ㅍ렌ㄷ　　　친구

from ㅍ럼　　　~로 부터

fruit ㅍ룰(ㅌ)　　과일

G

gallery 갤러리　　미술관

garlic 갈릭　　　마늘

gate 게잍(ㅌ)　　출구

get off 게러프　내리다

get on 게론　　　타다

gift 기프ㅌ　　　선물

girlfriend 거얼프렌ㄷ 여자친구

give 기ㅂ　　　　주다

go 고우　　　　가다

grape ㄱ레잎(ㅍ)　포도

greasy ㄱ뤼씨　느끼한

group 그룹(ㅍ)　　　　그룹

H

hair 헤얼　　　　　　머리카락
hair dryer 헤얼 드라이얼　드라이어
hamburger 햄벌걸　　　햄버거
hang up 행앞(ㅍ)　　　전화를 끊다
have 해브　　　　　　가지다, 먹다
head 헤드　　　　　　머리
headache 헤데익(ㅋ)　　두통
heater 히럴　　　　　히터
help 헬(ㅍ)　　　　　돕다
help desk 헬데스ㅋ　　안내소
hiking 하이킹　　　　(가벼운) 등산
holiday 할러데이　　　휴일
home appliances　　　가전제품
호움 어플라이언씨스
homestay 호움스테이　홈스테이
hospital 하스피럴　　　병원
hot 핱(ㅌ)　　　　　매운, 뜨거운
hotel 허텔　　　　　　호텔
hour 아월　　　　　　시간
housewife 하우쓰와이ㅍ　주부
how 하우쓰와이ㅍ　　얼마나, 어떻게
hurt 헐ㅌ　　　　　　다친

I

I 아이　　　　　　　나는
ice cream 아이스 크뤼임　아이스크림
in front of 인ㅍ런터ㅂ　　~앞에
include 인클루드　　　포함하다
information desk　　　안내소
인폴메이션 데스ㅋ
information office　　안내소
인폴메이션 어피쓰
inspection 인스펙션　　검사
insurance 인슈어런쓰　보험
interesting 인터레스팅　흥미있는
intermediate 인털미디얻(ㅌ)　중급
intermission 인털미션　중간 휴식시간
international 인터내셔널　국제의
international flights　국제 항공기
인터내셔널 플라잍츠
internet 인털넽(ㅌ)　　인터넷
introduce 인트로듀쓰　소개하다
is 이즈　　　　　　상태모습이다
it 잍(ㅌ)　　　　　그것은, 그것을

J

Jam 잼　　　　　　잼
January 재뉴어뤼　　1월
jewel 쥬얼　　　　　보석
jewelry 쥬얼뤼　　　보석
juice 쥬스　　　　　쥬스
July 쥴라이　　　　7월
June 쮸운　　　　　6월

K

keep 킾(ㅍ)　　　보관하다, 지키다
ketchup 켗춰업　　　케첩
key 키이　　　　　　열쇠
keyboard 키볼드　　키보드
king 킹　　　　　　왕
knife 나이ㅍ　　　　칼
Korea 커뤼아　　　　한국
Korean embassy 한국 대사관
커뤼언 엠버씨
korean food 커뤼언 푸드　한국음식

L

large 랄쥐　　　　　큰
last 라스ㅌ　　　　지난, 마지막
laundry room 런드뤼 룸　빨래방
lavatory 래버터뤼　　화장실
left 레프ㅌ　　　　　왼쪽
letter 레럴　　　　　편지
lift 리프ㅌ　　　리프트, 엘리베이터
lion 라이언　　　　　사자
liscense 라이쎈스　　면허증
lobby 라비　　　　　로비
lobster 랍스털　　　랍스터
locker room 락컬룸　탈의실
long 렁　　　　　　긴
lost 러스ㅌ　　　　길을 잃은
lotion 로우션　　　　로션
lunch 런취　　　　　점심 식사

M

magazine 메거진　　잡지
mailbox 메일박ㅅ　　우편함
many 매니　　　　(수가) 많은
map 맾(ㅍ)　　　　지도
March 말취　　　　　3월
May 메이　　　　　　5월

me 미　　　　　　　나를
meat 미잍(ㅌ)　　　고기
medicine 메드쓴　　약
medium 미디엄　중간 (구운 것)
menu 메뉴　　　　메뉴
microwave 마이크로웨이ㅂ　전자렌지
milk 밀ㅋ　　　　　우유
mine 마인　　　　나의 것인
minute 미닡(ㅌ)　　분(시간)
missing 미씽　　　사라진
Monday 먼데이　　월요일
month 먼뜨　　　　월
more 모얼　　　　더 많은
mother 머덜　　　엄마
movie theater 무비 씨어럴　영화관
much 머취　　　(양이) 많은
muffler 머플럴　　목도리
mushroom 머쉬룸　버섯
musical 뮤지컬　　뮤지컬
musium 뮤지엄　　박물관
my 마이　　　　　나의
myself 마이쎌ㅍ　나 자신을

N

name 네임　　　　이름
napkin 냅킨　　　냅킨
national 내셔널　　국가의
National Park 내셔널 팔ㅋ　국립공원
nauseous 너셔스　구역질나는
nearest 니얼리스ㅌ　가장 가까운
need 니이드　　　필요하다
newspaper 뉴스페이펄　신문
next 넥스ㅌ　　　다음
next to 넥스투　　~옆에
noodle 누들　　　국수
nose 노우즈　　　코
not 낱(ㅌ)　　　아닌
November 나벰벌　11월
number 넘벌　　　숫자

O

occupied 아큐파이드　차지된
O'clock 어클락(ㅋ)　정각
October 악토우벌　10월
octopus 악터퍼ㅅ　문어
offer 어펄　　　　제공하다
ointment 오인먼ㅌ　연고

on foot 온 풋(ㅌ)		걸어서
on vacation 온 베이케이션		휴가중인
one 원		하나인
one more 원 모얼		하나 더
one-size-fits-all 프리사이즈 원-싸이즈-핏츠-얼		
one-way ticket 원-웨이 티킽(ㅌ)		편도표
onion 어니언		양파
open 어픈		열린, 열다
opener 어프널		병따개
opening 어프닝		여는
opening time 어프닝 타임		여는 시간
order 오럴		주문하다, 명령하다
outlet 아웉렡		콘센트
overhead compartment 오벌헤드 컴팥ㅌ먼트		비행기 짐칸

P

painkiller 페인킬럴 진통제
parade 퍼레이드 거리 이동 공연
paragliding 패러글라이딩
parcel 팔쓸 소포
park 팔ㅋ 공원
parking 팔킹 주차
passport 패쓰폴트 여권
password 패쓰월드 비밀번호
pay 페이 지불하다
payphone 페이포운 공중전화
pen 펜 펜
pepper 페펄 후추
perfume 펄퓸 향수
perm 펄엄 파마
phone number 포운 넘벌 전화번호
photo 포우로우 사진
pickles 피클쓰 피클
picture 픽쳘 사진, 그림
pillow 필로우 베개
plain 플레인 아무것도 첨가되지 않은
plane 플레인 비행기
plastic bag 플라스틱 백(ㄱ) 비닐봉지
play 플레이 연극
please 플리즈 부탁합니다
police 펄리쓰 경찰
pop corn 팝콜온 팝콘
popular 파퓰럴 인기있는
port 폴ㅌ 항구

porter 폴럴 짐꾼
post card 포우스ㅌ 카알드 엽서
post office 포우스ㅌ 어피쓰 우체국
potato 포테이로 감자
prescription 프리스크립션 처방전
price tag 프라이쓰 택(ㄱ) 가격표
printer 프린털 프린터
public 퍼블릭(ㅋ) 공공의
purpose 펄포우즈 목적
purse 펄쓰 지갑

R

rafting 래프팅 래프팅(급류타기)
rare 뤠얼 거의 생구운, 드문
receipt 뤼씨잍(ㅌ) 영수증
recommend 뤠커멘드 추천하다
relative 렐러티브 친척
relax 륄랙쓰 쉬다
remote control 뤼모웉(ㅌ) 컨츠로울 리모컨
rent 뤤트 빌리다
rent-a-car 뤤-터-칼 차를 빌리는 것
reservation 뤠절베이션 예약
reserve 뤼절브 (자리를) 예약하다
restaurant 뤠스터뢍ㅌ 음식점
restriction 뤼스트뤽션 제한
restroom 뤠스트룸 화장실
return 뤼털언 돌려주다
ride 롸이드 타다
right 롸잍(ㅌ) 옳은, 오른쪽
roast 로우스ㅌ 불에 구운
roller-coaster 롤럴-커스털 롤러코스터
room 룸 방
room number 룸 넘벌 방 번호
rose 로우즈 장미
round trip ticket 롸운드 트륍 티킽(ㅌ) 왕복표
route 륃(ㅌ) 경로
run out of 뤄나웉 떨어지다
runny nose 뤄니 노우즈 콧물

S

salmon 쌔먼 연어
salty 쌜티 짠
Samaria 싸마리아 사마리아(지역)
same 쎄임 같은
Saturday 쌔럴데이 토요일

Sauce 써쓰 소스
sausage 써씨쥐 소세지
scarf 스카알프 목도리
schedule 스케쥴 계획
scrambled egg 스크램블드 엑ㄱ 휘저어만든 계란
seafood 씨푸드 해물
seat 씨잍(ㅌ) 좌석
seatbelt 씨앹벨트 안전벨트
second 쎄컨드 초(시간)
see 씨 보(이)다
send 쎈드 보내다
September 셉템벌 9월
sergery 썰졀리 수술
serious 씨뤼어쓰 심각한,진심인
shaving kit 쉐이빙 킽(ㅌ) 면도세트
shin-ramen 쉰-라먼 신라면
shoes 슈즈 신발
shop 샵(ㅍ) 가게
shopping 샤핑 쇼핑
short 숄ㅌ 짧은
show 쇼우 공연
shrimp 쉬림ㅍ 새우
sick 씩(ㅋ) 아픈
sightseeing 싸잍(ㅌ)씨잉 관광
size 싸이즈 크기
skiing 스키잉 스키 타기
sleep 슬리잎(ㅍ) 자다
slow 슬로우 느린
small 스멀 작은
smoke 스모우ㅋ 담배 피우다
snowboarding 스노우볼딩 스노보딩
soap 쏘웊(ㅍ) 비누
sold out 쏠드아웉(ㅌ) 매진된
son 썬 아들
sore throat 쏘얼 뜨뤂ㅌ 목이 아픔
sorry 써뤼 미안한
soup 쑾(ㅍ) 수프
sour 싸우얼 신
souvenir 쑤비니얼 기념품
special 스페셜 특별한
spicy 스파이씨 매운
spoon 스푼 숟가락
squid 스쿠이드 오징어
stamp 스탬ㅍ 우표
stay 스테이 머물다
steak 스테익(ㅋ) 스테이크
steamed 스티임드 찐
stolen 스탈른 훔쳐진

stop 스탑(프) 정류소, 멈추다
storage room 스터뤼쥐 룸 보관소
storm 스톰옴 폭풍
student 스투던트 학생
study 스터디 공부
subway 썹웨이 지하철
sugar 슈걸 설탕
suitcase 쑽케이스 여행가방, 캐리어
Sunday 썬데이 일요일
sunscreen 썬스크리인 자외선 차단제
supermarket 수펄말킷(트) 슈퍼마켓
sweet 스윝(트) 단

T

tablet 태블릿(트) 알약
take 테익(크) 가져가다
take a picture 사진을 찍다
테이커 픽쳐
tax 택쓰 세금
taxi 택씨 택시
taxi stand 택씨 스탠드 택시승차장
telephone 텔레포운 전화
tell 텔 말하다
temperature 템퍼뤠쳘 온도
temple 템플 신전
terminal 털미널 터미널
terrible 테뤼블 끔찍한
that 댙(트) 저(것)
the same 더 쎄임 같은 것
these 디즈 이(것들)
thigh 싸이 허벅지
this 디쓰 이(것)
those 도우즈 저(것들)
throw up 뜨로우 옆(프) 토하다
Thursday 떨즈데이 목요일
ticket 티킷(트) 표
ticket booth 티킷 부뜨 매표소
ticket counter 티킷트 카운털 매표소
ticket office 티킷 어피쓰 매표소
timetable 타임테이블 시간표
to 투 ~(의 방향)으로
today 투데이 오늘
Today's Special 오늘의 특별요리
투데이즈 스페셜
toilet 터일렡(트) 화장실
toiletries 터일렡트뤼즈 세면도구
tomato 터메이러 토마토
tomorrow 투마로우 내일

tooth brush 투뜨 브라쉬 칫솔
tourist 투어뤼스트 여행객
tourist attraction 관광명소
투어뤼스트 어트랙션
towel 타우얼 수건
town 타운 마을,지역
toy 터이 장난감
traditional 트래디쎠널 민속의
traffic light 트래픽 라잍(트) 신호등
train 트뤠인 기차
transfer 트랜스펄 갈아타다, 이체하다
transport 트랜스펄트 이동수단
travel 트래블 여행
travel agency 트래블 에이전씨 여행사
traveler's check 여행자 수표
트래블럴스 췤(크)
treatment 트뤼읕(트)먼트 치료
trottibike 스위스의 서서 타는 자전거
트러티바이크
Tuesday 튜즈데이 화요일
tuna 튜너 참치
turkey 털키 칠면조
turn left 털언 레프트 왼쪽으로 돌다
turn right 오른쪽으로 돌다
털언 롸읕(트)
two 투 둘인

U

uncomfortable 불편한
언컴퍼러블
understand 언덜스탠드 이해하다
unisex 유니쎅스 남녀공용
use 유즈 사용하다

V

vacation 베이케이션 휴가
valid 밸리드 유효한(사용 가능한)
valley 밸리 계곡
vegetable 베쥐터블 채소
vegetarian 베쥐테리언 채식주의자
venegar 비니걸 식초
via 비어 경유하다
villa 빌러 주택
visa 비자 비자
vomit 바밋트 토하다

W

wait 웨잍(트) 기다리다
wallet 월릿(트) 지갑
want 원트 원하다
water 워럴 물
way 웨이 길, 방법
wear 웨얼 입다
website 웹싸잍(트) 웹사이트
Wednesday 웬즈데이 수요일
week 윜 주
well-done 웰-던 바짝구운
wifi 와이파이 와이파이
window seat 윈도우 씥(트) 창가 좌석
windsurfing 윈드썰핑 윈드서핑
wine 와인 와인
wireless internet 무선 인터넷
와이얼리쓰 인털넽(트)
with 윋뜨 ~과 함께
withdraw 윋드러 출금하다
work 월크 일(하다)
working 월킹 작동하는
wrap 뢥(프) 싸다
write 롸잍(트) 쓰다
wrong 륑 틀린

Y

yesterday 예스털데이 어제
yogurt 요걸트 요거트
you 유 당신은, 당신을
your 유얼 당신의
youth hostel 유스호스텔
유뜨 허스텔

항공사

여기서 런던행 항공편이 있나요?
Do you have a flight to London from here?
두 유 해버 플라잍 투 런던 프럼 히얼?

서울행 항공편을 예약하고 싶습니다
I want to book a flight to Seoul.
아이 원 투 북 커 플라잍 투 써울.

항공편 탑승 수속을 밟고 싶습니다
I want to check in for Flight 123.
아이 원 투 첵킨 폴 플라잍 원투쓰리.

다음비행기는 언제인가요?
When is the next flight?
웨 니즈 더 넥쓰트 플라잍?

이 짐을 보내고 싶습니다.
I want to check this baggage.
아이 원 투 첵(ㅋ) 디스 배기쥐.

그것은 깨지기 쉽습니다.
It's fragile.
잇츠 프래좌일.

가방을 열어 보십시오.
Open your baggage.
오픈 유얼 배기쥐.

수하물 찾는 곳이 어디입니까?
Where is the baggage claim?
웨어 리즈 더 배기쥐 클레임?

탑승시간이 언제인가요?
When is the boarding time?
웨 니즈 더 볼딩 타임?

입출국

입국심사대는 어디인가요?
Where is the immigration?
웨어 뤼즈 디 이미ㄱ뤠이션?

제가 당신의 여권을 볼 수 있을까요?
Can I see your passport?
캐 나이 씨 유얼 패쓰폴트?

이 용지에 기재해 주세요.
Fill out this form.
필라웃트 디스 폴옴.

어디에서 오셨습니까?
Where are you from?
웨얼 얼 유 프럼?

I'm from Korea.
한국에서 왔습니다.
암 프럼 커뤼아.

어디서 묵으실 건가요?
Where are you going to stay?
웨얼 얼 유 고잉 투 스테이?

방문 목적은 무엇입니까?
What is the purpose of your visit?
와 리즈 더 펄포우ㅈ 어 뷰얼 비짙(ㅌ)?

업무(/휴가, 관광)차 저는 여기 왔습니다
I'm here for business(/Holiday, Sightseeing).
암 히얼 폴 비즈니ㅆ,(/할러데이, 싸잇씨잉).

얼마나 머물 예정입니까?
How long do you stay?
하우 렁 두 유 스테이?

7일 동안 머물 겁니다.
I will stay for 7 days.
아이 윌 스테이 폴 쎄븐 데이ㅈ.

세관 신고

신고서를 주십시오.
Hand me the declaration form.
핸ㄷ 미 더 디클러뤠이션 폼옴.

신고할 물건이 있습니까?
Do you have anything to declare?
두 유 해브 애니띵 투 디클레얼?

신고할 것이 아무것도 없습니다.
I have nothing to declare.
아이 해브 낱띵 투 디클레얼.

기타

Mike 씨인가요?
Are you Mike?
얼 유 마이ㅋ?

5번 탑승구가 어디에 있나요?
Where is the Gate 5?
웨어 리즈 더 게잍(ㅌ) 파이브?

이 가방을 택시 타는 곳까지 옮겨 주실래요?
Can you carry this bag to the taxi stand?
캔 뉴 캐리 디ㅆ 백 투 더 택씨 스탠ㄷ?

요구하기

기내에서 면세품을 살 수 있나요?
Can I buy duty-free items on board?
캔나이 바이 듀리-프리 아이럼ㅅ 온 볼드?

제 좌석 좀 찾아주시겠어요?
Can you show me to my seat?
캔 뉴 쇼우 미 투 마이 씨일(ㅌ)?

마실 것 좀 주시겠어요?
Can I have something to drink?
캐 나이 해ㅂ 썸띵 투 ㄷ링크?

어떻게 기재해야 합니까?
Can you tell me how to fill out?
캔 유 텔 미 하우 투 필라웃?

당신의 의자를 앞으로 기울여 주시겠어요?
Can you move your seat forward?
캔 유 무ㅂ 유얼 씯(ㅌ) 폴월드?

비행기 멀미에 먹는 약 있습니까?
Do you have something for airsickness?
두 유 해ㅂ 썸띵 폴 에얼씩ㅋ니ㅆ?

이 의자를 조정하고 싶습니다.
I want to adjust this seat.
아이 원 투 엇줘ㅅㅌ 디ㅆ 씨일(ㅌ).

좌석을 바꾸고 싶어요
I want to change my seat.
아이 원 투 췌인쥐 마이 씨일(ㅌ).

이 서식을 기재하고 싶습니다.
I want to fill in this form.
아이 원 투 필린 디ㅆ 폴옴.

언제 비행기가 도착하나요?
When can the plane arrive?
웬 캔 더 플레인 어롸이ㅂ?

언제 식사를 할 수 있나요?
When can I have the meal?
웬 캐나이 해ㅂ 더 미일?

화장실이 어디예요?
Where is the toilet?
웨어 리ㅈ 더 토일렡(ㅌ)?

저는 안전벨트를 채우고 싶습니다.
I want to buckle this seatbelt.
아이 원 투 버클 디ㅆ 씯벨트.

대화하기

실례지만, 대화해도 될까요?
Excuse me, can I talk to you?
익ㅆ큐ㅈ 미, 캐 나이 턱 투 유?

영어를 말할 수 있나요?
Do you speak English?
두 유 ㅅ픽(ㅋ) 잉글리쉬?

여기서 얼마나 계셨나요?
How long have you been here?
하우 렁 해 뷰 빈 히얼?

다시 한번 말씀해 주실래요?
Can you say that again?
캔 뉴 쎄이 댙(ㅌ) 어게인?

잘 이해가 안 돼요.
I don't understand.
아이 돈 언덜ㅅ탠드.

저를 소개하고 싶습니다.
I want to introduce myself.
아이 원 투 인ㅌ뤄듀ㅅ 마이쎌ㅍ.

저는 영어를 연습하고 싶습니다.
I want to practice English.
아이 원 투 ㅍ뢕티ㅆ 잉글리쉬.

당신을 다시 만나고 싶습니다.
I want to meet you again.
아이 원 투 밑 츄 어게인.

당신 연락처를 가질 수 있을까요?
Can I have your phone number?
캐 나이 해ㅂ 유얼 폰 넘벌?

저는 그곳에 가고 싶습니다.
I want to go there.
아이 원 투 고 데얼.

그것은 아름답네요.
It's beautiful.
잍ㅊ 뷰티풀.

그것은 끔찍하네요.
It's terrible.
잍츠 테러블.

어디서 머무시나요?
Where do you stay?
웨얼 두 유 ㅅ테이?

장소별 표현 3

길찾기

물어보기

우리는 어디에 있나요?
Where are we?
웨얼 얼 위?

지도에서 저는 어디에 있나요?
Where am I on the map?
웨얼 앰 아이 온 더 맾(ㅍ)?

길을 잃었습니다.
I'm lost.
암 러ㅅㅌ.

지도에서 보여주세요.
Show me on the map.
쇼우 미 온 더 맾(ㅍ).

(거기에 가는) 가장 빠른 길은 어디인가요?
Where is the fastest way (to get there)?
웨어 리즈 더 패ㅅ티ㅅㅌ 웨이 (투 겟 데얼?)?

식당은 어디에 있나요?
Where is the restaurant?
웨어 리ㅈ 더 뤠스터롸ㅌ?

지하철은 어디에 있나요?
Where is the subway?
웨어 리ㅈ 더 썹웨이?

버스정류소는 어디에 있나요?
Where is the bus stop?
웨어 리ㅈ 더 버ㅆ ㅅ탑?

환전소는 어디에 있나요?
Where is the money exchange?
웨어 리ㅈ 더 머니 익ㅆ췌인쥐?

야영장은 어디에 있나요?
Where is the campsite?
웨어 리ㅈ 더 캠ㅍ싸이ㅌ?

여기서 걸어갈 수 있나요?
Can I walk from here?
캐 나이 웕ㅋ 프럼 히얼?

걸어가면 얼마나 걸리나요?
How long does it take on foot?
하우 렁 더ㅈ 잍 테이ㅋ 온 풋?

저를 그곳에 대려다 줄 수 있나요?
Can you get me there?
캔 뉴 겟 미 데얼?

어디가 지하철로 가는 길인가요?
Where is the way to the subway station?
웨어 리즈 더 웨이 투 더 썹웨이 ㅅ테이션?

어디서 시청으로 가는 버스를 탈 수 있나요?
Where can I take a bus to City Hall?
웨얼 캐 나이 테이 커 버ㅆ 투 씨리 헐?

우체국에 어떻게 갈 수 있나요?
How can I go to Post Office?
하우 캐 나이 고우 투 포우ㅅㅌ 어피ㅆ?

어디에 가면 전통 음식을 먹을 수 있을까요?
Where can I eat some traditional food?
웨얼 캐 나이 잍 썸 ㅌ뤠디쎠널 푸ㄷ?

대답하기

(앞으로) 쭉 가세요.
Go straight.
고우 ㅅ트뤠잍(ㅌ).

앞으로 한 블록 가세요.
Go straight one block.
고우 ㅅ트뤠잍(ㅌ) 원 블락ㅋ.

오른쪽으로 도세요.
Turn right.
털언 롸잍(ㅌ).

왼쪽으로 도세요.
Turn left.
털언 레프ㅌ.

그 길을 건너세요.
Cross the street.
ㅋ뤄ㅆ 더 ㅅ트리잍(ㅌ).

두 번째 신호등으로 가세요.
Go to the second light.
고우 투 더 쎄컨ㄷ 라잍(ㅌ).

그것은 왼쪽에 있습니다.
It's on the left.
잍ㅊ 온 더 레프ㅌ.

그것은 그 교회 옆에 있습니다.
It's next to the church.
잍ㅊ 넥ㅆ투 더 철취.

그 모퉁이를 돌면 있습니다.
It's around the corner.
잍ㅊ 어롸운ㄷ 더 콜널.

일반

요금이 얼마입니까?
How much is the fare?
하우 머취 이ㅈ 더 페얼?

도착하는 데 얼마나 걸리나요?
How long does it take?
하우 렁 더ㅈ 잍 테이크?

출발시각은 언제인가요?
When is the departure time?
웨 니ㅈ 더 디팔춸 타임?

안내방송이 무슨 역이라고 말했나요?
What station did the announcement say?
왓 ㅅ테이션 딛 디 어나운ㅆ먼ㅌ 쎄이?

거기까지 걸어갈 수 있나요?
Can I walk there from here?
캐 나이 웤ㅋ 데얼 프럼 히얼?

런던행 한 장 주세요.
One ticket to London, please.
원 티킽 투 런던. 플리이ㅈ.

그것은 얼마나 먼가요?
How far is it?
하우 팔 이ㅈ 잍(ㅌ)?

런던까지 몇 분이나 걸리나요?
How many minutes to London?
하우 매니 미닛ㅊ 투 런던?

그곳에 도착하면 좀 알려 줄 수 있나요?
Can you let me know when we get there?
캔 유 렛 미 노우 웬 위 겟 데얼?

버스

시청으로 가는 버스를 어디서 탈 수 있나요?
Where can I catch a bus to City Hall?
웨얼 캐 나이 캩취 어 버ㅆ 투 씨리 헐?

버스 지도를 갖고 있나요?
Do you have a bus map?
두 유 해 버 버ㅆ 맽ㅍ?

버스 시간표를 가질 수 있을까요?
Can I have a bus timetable?
캐 나이 해 버 버ㅆ 타임테이블?

런던으로 가는 버스는 어디에 있나요?
Where's the bus to London?
웨얼ㅈ 더 버ㅆ 투 런던?

(로마로 향하는) 마지막 버스는 언제인가요?
When is the last bus (to Rome)?
웬 니ㅈ 더 라ㅅㅌ 버ㅆ (투 로움)?

여기에서 동물원에 가는 버스가 있나요?
Is there a bus to the zoo from here?
이ㅈ 데얼 어 버ㅆ 투 더 주 프럼 히얼?

어떤 버스가 도심으로 가나요?
Which bus goes downtown?
위취 버ㅆ 고우ㅈ 다운타운?

지하철, 기차

지하철 표는 어디에서 사나요?
Where can I buy a subway ticket?
웨얼 캐 나이 바이 어 썹웨이 티킽(ㅌ)?

제가 탈 기차는 몇 번 플랫폼인가요?
Which platform does my train leave?
위취 플랱포옴 더ㅈ 마이 ㅌ뤠인 리이브?

택시

호텔로 가주세요.
Go to the hotel.
고우 투 더 호텔.

여기로 가주세요.
Go here.
고우 히얼.

택시 불러주실 수 있나요?
Can you call a taxi?
캔 유 커 러 택씨?

잔돈은 가지세요
Keep the change.
킾 더 췌인쥐.

공항으로 데려다주세요.
Take me to the airport.
테익(ㅋ) 미 투 더 에얼폴ㅌ.

렌터카

제 자동차 바퀴에 구멍 났어요.
I have a flat tire.
아이 해 버 플랱 타이얼.

(2일간) 차를 한 대 빌리고 싶은데요
I want to rent a car (for 2 days).
아이 원 투 렌 터 칼 (폴 투 데이ㅈ).

호텔

일반

도와드릴까요?
Can I help you?
캐 나이 헬 퓨?

저를 도와줄 수 있나요?
Can you help me?
캔 뉴 헬 미?

성함과 방 번호를 가르쳐 주실래요?
Can I have your name and room number?
캐 나이 해ㅂ 유얼 네임 앤ㄷ 룸 넘벌?

컴퓨터는 어디에 있나요?
Where is the computer?
웨어 리ㅈ 더 컴퓨럴?

침대 좀 정돈해 주세요
Make the bed.
메잌ㅋ 더 베드.

열쇠를 잃어버렸습니다.
I lost my key.
아이 러스ㅌ 마이 키.

열쇠를 방 안에 둔 채 잠갔습니다.
I'm locked out.
암 락ㅌ 아웃(ㅌ).

계산은 숙박비와 함께 달아 놓아 주세요
Put it on my hotel bill.
푸 릿 온 마이 호텔 빌.

체크인, 체크아웃

체크인을 하려고 합니다.
I want to check in.
아이 원 투 췌 킨.

예약은 하셨습니까?
Do you have a reservation?
두 유 해 버 뤠절베이션?

내 이름은 Mike입니다.
My name is Mike.
마이 네임 이ㅈ 마이ㅋ.

사흘간 예약했습니다.
I have a reservation for three nights.
아이 해 버 뤠절베이션 폴 뜨리 나잍ㅊ.

성함과 주소만 기재해 주세요.
Put your name and address here.
풋 츄얼 네임 앤ㄷ 애ㄷ뤠쓰 히얼.

나머지는 제가 처리하겠습니다.
I'll take care of the rest of it.
아일 테일 케어롭 더 뤠ㅅㅌ 어 빝(ㅌ).

체크인하기 전에 방을 보고 싶어요.
I want to look at the room before I check in.
아이 원 투 룩 캣 더 룸 비포 라이 췍 킨.

체크아웃하고 싶습니다.
I want to check out.
아이 원 투 췍카웉(ㅌ).

방 예약

빈방 있습니까?
Do you have a room available?
두 유 해 버 룸 어베일러블?

저는 한 방을 원합니다.
I want a room.
아이 원 터 룸.

오늘 밤에 묵을 방을 예약하고 싶은데요
I want to reserve a(/book a) room for tonight.
아이 원 투 뤼절 버(/북 커) 룸 폴 투나잍(ㅌ).

방이 모두 찼습니다.
We're fully booked.
위얼 풀리 붘ㅌ.

어떤 방을 원하십니까?
What kind of room do you want?
왓 카인답(ㅂ) 룸 두 유 원ㅌ?

트윈 룸(싱글/더블)이 필요합니다.
I want a twin room(a single/ a double room).
아이 원 터 트윈 룸(어 씽글/ 어 더블 룸).

지금 스위트 룸만 이용 가능합니다.
Suite room is only available now.
ㅅ윗ㅌ 룸 이ㅈ 온리 어베일러블 나우.

하루 숙박료가 얼마예요?
How much is it per night?
하우 머취 이 짓 펄 나잍(ㅌ)?

얼마나 길게 머무르실 건가요?
How long will you stay?
하우 렁 윌 유 ㅅ테이?

몇 일 동안 머무르실 건가요?
How many days will you stay?
하우 매니 데이ㅈ 윌 유 ㅅ테이?

날짜를 바꾸고 싶어요.
I want to change the date.
아이 원투 췌인쥐 더 데잍(ㅌ).

예약을 확인하고 싶습니다.
I want to confirm my reservation.
아이 원 투 컨펄엄 마이 뤠절베이션.

트윈 하나군요. 맞죠?
One twin. Is that right?
원 ㅌ윈. 이즈 댙 롸잍(ㅌ)?

잠깐만 기다려 주십시오
Just a moment.
저ㅅ 터 모우먼ㅌ.

하루 더 묵을 수 있나요?
Can I stay for one more night?
캐 나이 ㅅ테이 폴 원 모얼 나잍(ㅌ)?

숙박기간을 늘리고 싶어요.
I want to extend my stay.
아이 원 투 익ㅆ텐ㄷ 마이 ㅅ테이.

요구하기
열쇠 맡아주세요.
Keep the keys.
킾 더 키이ㅈ.

귀중품을 맡길 수 있을까요?
Can I deposit valuables here?
캐 나이 디파짙(ㅌ) 밸루어블ㅅ 히얼?

이걸 보관해 주시겠어요?
Can you keep this?
캔 뉴 킾 디ㅆ?

언제까지 맡겨 두실 건가요?
How long do you want us to keep it?
하우 렁 두 유 원 터ㅆ 투 킾핕(ㅌ)?

펜을 빌릴 수 있나요?
Can I borrow a pen?
캐 나이 바로우 어 펜?

담요를 하나 더 받을 수 있나요?
Can I get a blanket more?
캐 나이 게러 블랭킽(ㅌ) 모얼?

전화기 쓸 수 있나요?
Can I use the phone?
캐 나이 유ㅈ 더 포운?

제 방으로 사람 좀 올려보내 주시겠어요?
Can you send someone up to my room?
캔 뉴 쎈ㄷ 썸원 넙 투 마이 룸?

사람을 찾아 주실 수 있으세요?
Can you find someone?
캔 뉴 파인ㄷ 썸원?

에어컨을 틀어주실래요?
Can you turn on the air-conditioning?
캔 뉴 털언 온 디 에얼-컨디셔닝?

내일 아침 7시에 깨워 주세요.
Wake me up at seven tomorrow morning.
웨잌(ㅋ) 미 엎 퍁 쎄븐 투마로우 몰닝.

아침 식사를 제 방에서 시켜 먹고 싶어요
I want to order breakfast in my room.
아이 원 투 올덜 ㅂ랙퍼ㅅㅌ 인 마이 룸.

세탁을 원합니다.
I want a laundry service.
아이 원 터 런ㄷ뤼 썰비ㅆ.

인터넷 패스워드를 원합니다.
I want (the) internet password.
아이 원ㅌ (디) 인털넽(ㅌ) 패ㅆ월ㄷ.

불평하기
침대가 더러워요.
My bed is dirty.
마이 베 디ㅈ 더리.

그것은 작동하지 않습니다.
It isn't working.
잇ㅌ 이즌ㅌ 월킹.

그것은 고장났습니다.
It is broken.
잇ㅌ 이즈 ㅂ로큰.

인터넷이 느립니다.
(The) internet is slow.
(디) 인털넽(ㅌ) 이즈 슬로우.

이웃들이 시끄럽습니다.
The neighbors are noisy.
더 네이벌ㅈ 얼 노이지.

다른 방을 주세요.
Get me a different room.
겥 미 어 디퍼런ㅌ 룸.

식당

예약하기
7시로 2사람용 자리를 예약하고 싶어요.
I want to book a table for two at seven.
아이 원투 북 커 테이블 폴 투 앳 쎄븐.

마지막 주문은 언제인가요?
When is the last order?
웨 니ㅈ 더 라ㅅㅌ 오럴?

앉기
몇 분이신가요?
How many?
하우 매니?

몇 명이신가요?
How many people in your party?
하우 매니 피플 인 유얼 팔티?

성함을 말씀해 주시겠어요?
Can I have your name?
캐 나이 해 뷰얼 네임?

여기 앉아도 되나요?
Can I sit here?
캐 나이 씰(ㅌ) 히얼?

마음에 드는 자리인가요?
Is this table right?
이ㅈ 디ㅆ 테이블 롸잍(ㅌ)?

주문하기
주문해주세요.
Can I have(/take) your order?
캐 나이 해브(/테이ㅋ) 유얼 오럴?

메뉴판을 보여주세요.
Can I see the menu?
캐 나이 씨 더 메뉴?

메뉴를 추천해주세요.
Can you recommend a menu?
캔 뉴 뤠커멘 더 메뉴?

그것은 무슨 요리죠?
What kind of dish is it?
왓 카인 더ㅂ 디쉬 이ㅈ 잍(ㅌ)?

스테이크를 어떻게 해드릴까요?
How do you want your steak?
하우 두 유 원 츄얼 ㅅ테이크?

충분히(/중간으로) 구워 주세요.
Well-done(/medium), please.
웰-던(/미디엄), 플리이ㅈ.

똑같은 것을 원합니다.
I want the same.
아이 원ㅌ 더 쎄임.

이 식당에서 가장 맛있는 것을 원해요.
I want the best in the restaurant.
아이 원 더 베ㅅㅌ 인 더 뤠스터랑ㅌ.

그녀(/그)가 먹는 것으로 주세요.
Give me what she(/he) eats.
기ㅂ 미 왓 쉬(/히) 잋ㅊ.

저는 해산물에 알레르기가 있어요.
I'm allergic to seafood.
암 얼레직 투 씨푸ㄷ.

여기서 드실 건가요 싸가실 건가요?
For here or to go?
폴 히얼 오얼 투 고우?

기타 요구
얼음물 갖다 주시겠어요?
Can you bring me ice water?
캔 뉴 브링 미 아이ㅆ 워럴?

저는 이것을 주문하지 않았습니다.
I didn't order this.
아이 디든ㅌ 오럴 디ㅆ.

한 스푼을 더 원합니다.
I want one more spoon.
아이 원ㅌ 원 모얼 ㅅ푼.

포크를 가질 수 있나요?
Can I get a fork?
캐 나이 게 러 폴ㅋ?

나가기
나머지를 싸줄 수 있나요?
Can you put the rest in a doggie bag?
캔 뉴 풑 더 뤠ㅅ티 너 더기 백?

계산서 부탁합니다
Can I have the check(/bill)?
캐 나이 해ㅂ 더 췍(/빌)?

계산서가 잘못됐네요.
It's wrong on the bill.
잋ㅊ 륑 온 더 빌.

쇼핑

일반

얼마인가요?
How much is it?
하우 머취 이ㅈ 잍(ㅌ)?

도와드릴까요?
Can I help you?
캔 나이 헬 퓨?

그냥 구경하는 거예요
I'm just looking.
암 줘ㅅㅌ 룩킹.

It's open(/closed).
열려(/닫혀)있습니다
잍ㅊ 어픈(/클로우ㅈㄷ).

Where is the elevator?
엘리베이터는 어디인가요?
웨어 리ㅈ 디 엘리베이럴?

Go straight ahead.
곧바로 가시면 됩니다.
고우 ㅅㅌ뤠잍(ㅌ) 어헤ㄷ.

추천해주실 수 있나요?
Can you recommend?
캔 뉴 뤠커멘ㄷ?

쇼핑하기 좋은 곳을 한 군데 소개해주실래요?
Can you recommend a good place for shopping?
캔 뉴 뤠커멘 더 굿 플레이ㅆ 폴 샤핑?

그것이 더 낫네요(/더 나쁘네요).
It's better(/worse).
잍ㅊ 베럴(/월스).

천천히 구경하세요.
Take your time.
테익 큐얼 타임.

향수 있습니까?
Do you have perfume?
두 유 해ㅂ 펄퓸?

냉동식품은 어디에 있나요?
Where is the frozen goods?
웨어 리ㅈ 더 프로우즌 굿ㅈ?

그것은 7층에 있습니다.
It's on the 7th floor.
잍ㅊ 온 더 쎄븐ㄸ 플로얼.

의류

입어봐도 될까요?
Can I try on?
캐 나이 ㅌ라이 온?

이것은 여성용(/남성용)인가요?
It is for women(/men)?
잍 리ㅈ 폴 위민(/멘)?

저한테 안 맞아요.
It doesn't fit me.
잍 더즌ㅌ 핕ㅌ 미.

제 크기를 모릅니다.
I don't know my size.
아이 돈ㅌ 노우 마이 싸이ㅈ.

결제

영수증 주실래요?
Can I get a receipt?
캐 나이 게 러 뤼씨잍(ㅌ)?

이 신용카드로 결제할 수 있나요?
Can I use this credit card?
캐 나이 유ㅈ 디ㅆ 크레딭(ㅌ) 카알ㄷ?

가방 하나 더 가질 수 있나요?
Can I get a more bag?
캐 나이 게 러 모얼 백?

가격을 좀 깎아주시겠어요?
Can you give a discount?
캔 뉴 기 버 디ㅅ카운ㅌ?

이걸 선물용으로 포장해 주시겠어요?
Can you gift-wrap this?
캔 뉴 기ㅍㅌ-랩 디ㅆ?

여행자 수표도 받습니까?
Can you accept traveler's check?
캔 뉴 억쌥ㅌ ㅌ래블럴ㅅ 췍ㅋ?

세금 할인 증서를 원합니다.
I want the tax refund.
아이 원ㅌ 더 택ㅅ 뤼펀ㄷ.

거스름돈을 덜 주셨어요.
I was short-changed.
아이 워ㅈ 숄ㅌ-췌인쥐ㄷ.

환불하고 싶습니다.
I want a refund.
아이 원 터 뤼펀ㄷ.

관광지

일반

지도를 갖고 싶습니다.
I want to have a map.
아이 원 투 해 버 맾(ㅍ).

유명한 장소는 어디인가요?
Where is the popular place?
웨어 리즈 더 파퓰럴 플레이ㅆ?

쉬어도 되나요?
Can I take a rest?
캐 나이 테이 커 뤠ㅅㅌ?

담배 빌려주실 수 있나요?
Can I borrow a cigarette?
캐 나이 바로우 어 씨거뤹(ㅌ)?

전화 사용할 수 있나요?
Can I use your phone?
캐 나이 유즈 유얼 포운?

오늘 날씨를 알고 싶습니다.
I want to know today's whether.
아이 원 투 노우 투데이즈 웨덜.

ATM을 사용하고 싶습니다.
I want to use the ATM.
아이 원 투 유즈 디 에이티엠.

시간을 알고 싶습니다.
I want to know the time.
아이 원 투 노우 더 타임.

제 것이 아닙니다.
It's not mine.
잋ㅊ 낱 마인.

그것은 언제 닫나요(/여나요)?
When is it closed(/open)?
웨 니즈 잍(ㅌ) 클로우ㅈㄷ(/어픈)?

점심은 언제인가요?
When is lunch?
웨 니즈 런취?

식당을 추천해주실래요?
Can you recommend a restaurant?
캔 뉴 뤠커멘 더 뤠스터랑ㅌ?

제 자리를 맡아주실래요?
Can you keep my seat?
캔 뉴 킵 마이 씨잍(ㅌ)?

사진

사진 한 장 찍어 주실래요?
Can you take a picture?
캔 뉴 테이 커 픽철?

당신과 사진 찍을 수 있을까요?
Can I take a picture with you?
캐 나이 테이 커 픽철 윋쥬?

사진을 현상하고 싶습니다.
I want to develop this film.
아이 원 투 디벨롶(ㅍ) 디ㅆ 피음.

배터리를 다 썼어요.
My battery is dead.
마이 배러리 이즈 데ㄷ.

결제

이 쿠폰을 쓸 수 있나요?
Can I use this coupon?
캐 나이 유즈 디ㅆ 큐판?

저는 두 장을 원합니다.
I want two tickets.
아이 원 투 티킽ㅊ.

그것을 원하지 않아요.
I don't want it.
아이 돈ㅌ 원팉.

관람

공연(/행렬)은 언제인가요?
When is the show(/parade)?
웨 니즈 더 쇼우(/퍼레이드)?

매표소는 어디인가요?
Where is the ticket office?
웨어 리즈 더 티킽 러피ㅆ?

가장 싼 표를 원합니다.
I want the cheapest ticket.
아이 원 더 취피ㅅㅌ 티킽(ㅌ).

그것은 아이들을 위한 것입니다.
It's for children.
잋ㅊ 폴 췰ㄷ런.

한 시간에 얼마인가요?
How much is it for an hour?
하우 머취 이즈 잍(ㅌ) 포 뤈 아월?

기타

위급상황

제 신용카드를 분실했습니다
I lost my credit card.
아이 러ㅅㅌ 마이 크뤠딭 칼ㄷ.

제 비행기를 놓쳤습니다.
I missed my flight.
아이 미ㅆㅌ 마이 플라잍(ㅌ).

지갑을 잃었습니다.
I lost my wallet.
아이 러ㅅㅌ 마이 월맅(ㅌ).

경찰에 전화해주세요.
Call the police.
컬 더 펄리ㅆ.

저는 여행자 보험이 없습니다.
I don't have a travel insurance.
아이 돈ㅌ 해ㅂ 어 ㅌ뤠블 인슈어런ㅆ.

전화

한국에 전화하고 싶습니다.
I want to call Korea.
아이 원 투 컬 커뤼아.

전화를 빌릴 수 있을까요?
Can I borrow the phone?
캐 나이 바로우 더 포운?

언어를 바꾸고 싶습니다.
I want to change the language.
아이 원 투 췌인쥐 더 랭귀쥐.

공중전화는 어디에 있나요?
Where is the payphone?
웨어 리ㅈ 더 페이포운?

통화 중입니다.
The line is busy.
더 라이 니ㅈ 비지.

응답이 없습니다.
There's no answer.
데얼ㅈ 노우 앤썰.

잘못 거셨습니다.
You have the wrong number.
유 해ㅂ 더 륑 넘벌.

잠깐만 기다려 주세요.
Hold on, please.
홀 돈, 플리이ㅈ.

병원

의사가 필요합니다.
I need a doctor.
아이 니 더 닥털.

저는 아픕(/춥습, 어지럽)니다.
I'm sick(/freezing, dizzy).
암 씩(ㅋ)(/프리징, 디지).

제 머리가 아픕니다.
My head is sick.
마이 헤ㄷ 이ㅈ 씩(ㅋ).

우체국

이 편지(/소포)를 서울로 붙이고 싶습니다.
I want to send a letter(/parcel) to Seoul.
아이 원 투 쎈 더 레럴(/팔쓸) 투 써울.

우표를 사고 싶습니다.
I want to buy stamps.
아이 원 투 바이 ㅅ탬ㅆ.

환전

이것을 유로로 교환해 주시겠어요?
Can I exchange this for Euros?
캐 나이 익ㅆ췌인쥐 디ㅅ 폴 유로우ㅈ?

How do you like your money?
현금을 어떻게 드릴까요?
하우 두 유 라잌(ㅋ) 유얼 머니?

10유로짜리 5장, 나머지는 동전으로요.
Five tens and the rest in coins.
파이ㅂ 텐ㅈ 앤ㄷ 더 뤠ㅅㅌ 인 코인ㅈ.

미용실

이발해 주세요.
I want a haircut.
아이 원 터 헤얼컽(ㅌ).

머리를 다듬고 싶습니다.
I want to trim my hair.
아이 원 투 ㅌ륌 마이 헤얼.

저 남자처럼 보이게 잘라주세요.
I want to look like him.
아이 원 투 룩(ㅋ) 라이ㅋ 힘.

2시간에 끝내는

한글영어 발음천사

2시간에 끝내는

밝은 ㅇ음

ㄱ=g

한글영어 발음천사

ㄴ=n

ㄷ=d

Mike Hwang 지음

Miklish*

발음강의
CD 제공

한글만 알면 영포자도 익히는 유일한
영어 발음기호 **1004**단어 파닉스+CD

한 정 특 가
~~11400~~
7390

aqua3**

우와, 재미있습니다. 이 책에 함께 있는 MP3를 들으면서 웃음이 빵 터졌습니다.
영어를 잘하고 싶은데 발음에 영 자신이 없었던 사람들에게 딱 알맞은 책인 것 같습니다. **왕초보자를 위해 너무나도 친절한 책**이 아닌가 싶습니다.

임하*

SNS에서 여럿이 이 책을 추천한다는 글을 보고 골랐습니다. 오프라인 서점에서 **직접 몇 권의 책과 비교**해봤구요. 늙은 나이에 영어 배운다고 조심스럽게 도전하는 **어르신을 위해 고른 책이었는데 정말 적합한 책**이라고 생각합니다. 2-3주동안 가르쳐드렸는데 배우시는 입장에서도 **굉장히 만족**하십니다

tiffany71**

너무나 쉬운 접근법과 한국말하는 **한국 사람에 딱 맞추어서 서술된 책** 내용이었답니다.
정말 획기적이고 너무 편하고 영어회화공부 혼자하시는 분에게 너무너무 좋을 것 같다는 생각입니다.
한글말을 영어로 표기하면서 **그 원리를 스스로 깨닫게 해놓아서** 한국어에 익숙한 어른들이 영어 발음기호를 익히기에 적격인 구성인듯 합니다.

60대 어머니, 원어민과 함께하는 무료강의
goo.gl/7tjdpn

20년 전의 나!

가르치다 보면 막막한 학생이 꼭 있습니다. **초등학생 때 뭐했는지** 학원 한번 안 다녀서 알파벳도 제대로 모르는 학생, 더듬더듬 엉망으로 단어를 읽습니다. 바로 20년 전의 제가 그랬습니다.

저는 중학교에 입학해서 처음으로 알파벳(ABC...)을 배웠습니다. 문제는, 저를 제외한 모든 학생이 이미 초등학생 때 수년간 배우고 와서, 영어 수업은 그 학생들 위주로 진행됐습니다.

두 번째 수업부터 바로 회화수업을 했습니다. 모르는 단어는 사전을 찾아봤지만 읽을 수 없었고, **읽을 수 없으니 당연히 외워지지 않았습니다.** 게다가 문법을 모른 상황에서 억지로 문장을 배우다 보니, 왜 그런 의미를 갖게 되는지 전혀 알 수 없었습니다. 저에게 영어는 세상에서 가장 끔찍한 과목이었습니다.

처음 영어를 배울 때 가장 큰 장애물은 영어발음입니다. 한국말은 쓰여 있는 대로 소리 나지만, **영어는 쓰여 있는 대로 소리 나지 않습니다.** 게다가 발음기호는 알파벳보다 훨씬 많아서 배우기 어렵습니다.

이 책은 **한글만 알면 누구나 영어를 쉽게 읽을 수 있도록** 집필했습니다. 큰 글씨와 쉬운 설명으로 영어를 처음 배우는 초등학생부터 어르신들까지 쉽고 빠르게 영어발음을 배울 수 있습니다.

수록된 1,004개의 단어를 순서대로 적고, CD를 들으면서 말하면 자연스럽게 영어발음이 익혀집니다. 한글 단어 '달'을 dal로 적어보면서 기본 원리를 익히고, 원어민의 'dal' 발음과 month를 들으며 영어 단어도 함께 익힙니다.

month는 미국인의 일상회화 89%를 해결할 수 있는 1004 어휘에 있는 단어입니다. 이 책의 단어는 대부분 1004 어휘에서 넣었습니다. 이 단어를 활용한 영어회화는 책 '8시간에 끝내는 기초영어 미드천사: 왕초보 패턴(이 책의 p.151)를 보시면 됩니다. 미드 천사 책에서 60대 어머니와 함께하는 **수십만 원 상당의 강의를 무료로** 들으실 수 있습니다(http://goo.gl/8id6df).

너무 늦게 영어를 시작했다고 염려하지 마세요. 오히려, 지금 이 책을 접하기에 6개월~1년에 배우는 영어 발음을 2시간에 배울 수 있게 됐으니 기쁜 일입니다. 책의 문제를 다 푸는데는 약 2~3시간(7~11초에 한 단어씩 1004개), CD의 강의를 들으면서 공부하면 약 5시간 정도 걸립니다.

저와 같은 어려움을 겪고 있는 **또 다른 20년 전의 저에게** 이 책을 바칩니다. 이 책을 한 번 봤다고 모든 영어단어를 완벽하게 읽지는 못합니다. 하지만 약 80~90%는 읽을 수 있습니다. 2번 정도 직접 써서 푸는 것과(틀린 문제만이라도) CD를 3번 듣고 따라 말하시면 영어 발음하는데 어려움이 없으실 것입니다.

이 발음책은 제 12번째 저서입니다. 마이클리시에서는 **즐거운 영어를 통해 올바른 성품을 기른다**는 사명을 갖고 기존에 없던 최고의 영어책만을 만듭니다.

마이클리시 카페miklish.com에 영어공부법과 다양한 자료가 있습니다. 영어 공부하다가 궁금한 점은 카페에 질문해주세요. 늦어도 3일 내에는 꼭 답변드립니다.

먼저 대표적인 모음(p.20) 7개(아에이오우으ㅇ)를 배우고, 한글의 ㄱ~ㅎ에 대응되는 대표적인 자음(p30)을 배웁니다.

그 다음, 한국말로는 같지만 영어로는 다르게 소리나는 자음을 비교해가며 배우고(p.50), 다르게 소리나는 모음을 배웁니다.

마지막으로 표기는 하지만 소리는 안나는 묵음(p.102)과 쌍자음(p.110)을 배웁니다.

26개의 알파벳을 모른다면 꼭 듣고 따라 해보세요.
책의 CD를 재생하거나 인터넷 goo.gl/8gc2qh에
방문하시면 음악을 들을 수 있습니다.

a	b	c	d	e	f	g
A	B	C	D	E	F	G
에이	비	씨	디	이	에프	쥐

h	i	j	k	l	m	n	o	p
H	I	J	K	L	M	N	O	P
에이취	아이	제이	케이	엘	엠	엔	오우	피

q	r	s		t	u	v
Q	R	S		T	U	V
큐	알	에스		티	유	브이

w		x		y	and	z
W		X		Y	AND	Z
더브유		엑스		와이	앤(ㄷ)	지

Now	I	know	my	A	B	C's
나우	아이	노우	마이	에이	비	씨즈

Next	time	won't	you	sing	with	me?
넥스트	타임	온(트)	츄	씽	윋(ㄸ)	미?

대문자보다 소문자를 많이 쓰므로 소문자가 더 중요합니다.

소문자 쓰기

11

¼ SIZE

기본 모음 | 기본 자음 | 자음 비교 | 약모음, 강모음 | 이중모음 | 복음 | 생자음

아 = a

1	7
날 = n __l	가다 = g __ d __
day [데이]	go [고우]
2	8
달 = d __l	사다 = s __ d __
month [먼ㄸ]	buy [바이]
3	9
발 = b __l	날다 = n __l d __
foot [풀(트)]	fly [플라이]
4	10
밤 = b __ m	나라 = n __ ·l
night [나일(트)]	country [컨트리]
5	11
잘 = j __l	닫다 = d __ d d __
well [웰]	close [클로우ㅈ]
6	12
아들 = __ ·dl	사람 = s __ l __ m
son [썬]	person [펄쓴]

기본 모음 | 기본 자음 | 자음 비교 | 약모음, 강모음 | 이중모음 | 복음 | 생자음

에 = e

13	19
메모 = m __ mo	통제 = tong j __
memo [메모우]	control [컨트로울]
14	20
문제 = mun j __	체포 = ch __ po
problem [프라블럼]	arrest [어뤠스트]
15	21
곧게 = god g __	체제 = ch __ j __
straight [스트뤠일(트)]	system [씨스템]
16	22
게임 = g __ im	제트기 = j __ ·t gi
game [게임]	jet [쥀(트)]
17	23
세다 = s __ ·d __	세금 = s __ ·gm
count [카운트]	tax [택씨]
18	24
가게 = g __ g __	호텔 = ho·t __l
store [스토얼]	hotel [호'텔]

1 nal　**2** dal　**3** bal
4 bam　**5** jal　**6** adl
7 ga·da　**8** sa·da　**9** nal·da
10 na·la　**11** dad·da　**12** sa·lam

13 me·mo　**14** mun·je　**15** god·ge
16 ge·im　**17** se·da　**18** ga·ge
19 tong·je　**20** che·po　**21** che·je
22 je·t·gi　**23** se·gm　**24** ho·tel

23

ㄱ = g

ㄱ보다 **목**이 많이 울린다.

97 긴 = ___ ___n long [렁]	103 가게 = ___ ___-___e store [ㅅ토얼]
98 길 = ___ ___l road [로우ㄷ]	104 아기 = ___-___ ___ baby [베이비]
99 고모 = ___ ___-m ___ aunt [언ㅌ]	105 고통 = ___ ___-t ___ ___ ___ pain [페인]
100 가다 = ___ ___-d ___ go [고우]	106 가방 = ___ ___-b ___ ___ ___ bag [백(ㄱ)]
101 공 = ___ ___ ___ ___ ball [벌]	107 가족 = ___ ___-j ___ ___ family [패밀리]
102 공기 = ___ ___ ___ ___-___ ___ air [에얼]	108 곧게 = ___ ___d-___ ___ straight [ㅅㅌ뤠잍(ㅌ)]

97 gin 98 gil 99 go-mo 100 ga-da 101 gong 102 gong-gi 103 ga-ge 104 a-gi 105 go-tong 106 ga-bang 107 ga-jog 108 god-ge

ㄴ = n

ㄴ보다 **코**가 많이 울린다.

109 눈 = ___ ___ ___ eye [아이]	115 느린 = ___-l ___ ___ slow [슬로우]
110 나이 = ___ ___-___ age [에이쥐]	116 높게 = ___ ___p-___ ___ high [하이]
111 날 = ___ ___l day [데이]	117 공간 = ___ ___ ___ ___-g ___ ___ space [ㅅ페이ㅆ]
112 날다 = ___ ___l-d ___ fly [플라이]	118 남자 = ___ ___m-j ___ man [맨]
113 누구 = ___ ___-g ___ who [후]	119 놀란 = ___ ___l-l ___ ___ surprised [썰ˈㅍ라이ㅈㄷ]
114 놀다 = ___ ___l-d ___ play [플레이]	120 낭비 = ___ ___ ___ ___-b ___ waste [웨이ㅅㅌ]

109 nun 110 na-i 111 nal 112 nal-da 113 nu-gu 114 nol-da 115 n-lin 116 nop-ge 117 gong-gan 118 nam-ja 119 nol-lan 120 nang-bi

¼ SIZE

ㄹ = l

초성 l은 **'을'에서** 시작해
혀가 입천장에 **닿는**다.

313 다리 = ___ ___-___ ___ leg [렉(ㄱ)]	319 사랑 = ___ ___-___ ___ ___ ___ love [럽(ㅂ)]
314 나라 = ___ ___-___ ___ country [컨ㅌ뤼]	320 도리 = ___ ___-___ ___ duty [두리]
315 사람 = ___ ___-___ ___ ___ person [펄쓴]	321 목록 = ___ ___ ___-___ ___ ___ list [리ㅅㅌ]
316 그림 = ___-___ ___ ___ picture [픽쳘]	322 사다리 = ___ ___-___ ___-___ ___ ladder [래덜]
317 이름 = ___-___ ___ name [네임]	323 구르다 = ___ ___-___-___ ___ roll [롤]
318 오르다 = ___-___-___ ___ climb [클라임]	324 기록 = ___ ___-___ ___ ___ record [뤠콜ㄷ]

313 da-li 314 na-la 315 sa-lam 316 g-lim 317 i-lm 318 o-l-da 319 sa-lang 320 do-li 321 mog-log 322 sa-da-li 323 gu-l-da 324 gi-log

ㄹ = r

초성 r은 **'우'에서** 시작해
혀가 입천장에 **닿지 않는**다.

325 다리[다뤼] = ___ ___-___ ___ leg [렉(ㄱ)]	331 사랑 = ___ ___-___ ___ ___ ___ love [럽(ㅂ)]
326 나라[나롸] = ___ ___-___ ___ country [컨ㅌ뤼]	332 도리 = ___ ___-___ ___ duty [두리]
327 사람[사뢈] = ___ ___-___ ___ ___ person [펄쓴]	333 목록 = ___ ___ ___-___ ___ ___ list [리ㅅㅌ]
328 그림[그륌] = ___-___ ___ ___ picture [픽쳘]	334 사다리 = ___ ___-___ ___-___ ___ ladder [래덜]
329 이름[이룸] = ___-___ ___ name [네임]	335 구르다 = ___ ___-___-___ ___ roll [롤]
330 오르다 = ___-___-___ ___ climb [클라임]	336 기록 = ___ ___-___ ___ ___ record [뤠콜ㄷ]

325 da-ri 326 na-ra 327 sa-ram 328 g-rim 329 i-rm 330 o-r-da 331 sa-rang 332 do-ri 333 mog-rog 334 sa-da-ri 335 gu-r-da 336 gi-rog

a = 아

약한 a는 '아'로 소리 낸다.
[알파벳 a는 '아a'보다는 주로 '어ə' 등으로 소리 낸다]

601 art = ___ ___ [art] 예술	**607** top = ___ ___ [tap] 꼭대기
602 far = ___ [far] 먼	**608** mom = ___ [mam] 엄마
603 cop = ___ (___) [kap] 경찰	**609** stop = ___ ___ (___) [stap] 멈추다
604 god = ___ (___) [gad] 신	**610** body = ___ ___ [badi] 몸
605 job ___ (___) [dʒab] 직업	**611** drop = ___ ___ (___) [drap] 떨어뜨리다
606 not = ___ (___) [nat] 아니다	**612** apart = ___ ___ ___ [a'part] 떨어져서

601 아트 602 파(ㄹ) 603 캅(ㅍ) 607 탑(ㅍ) 608 맘 609 스탑(ㅍ)
604 갇(ㄷ) 605 잡(ㅂ) 606 낱(ㅌ) 610 바디 611 드랍(ㅍ)612 어팔트

---

a = 에이

강한 a는 '에이'나 '애*'로 소리 낸다.
[발음 기호는 ei, æ*]

강모음
a
e
i
o
u

613 able = ___ ___ ___ [eibl] 할 수 있는	**619** break = ___ ___ ___ (___) [breik] 부수다
614 day = ___ ___ [dei] 날	**620** great = ___ ___ ___ (___) [greit] 대단한
615 play = ___ ___ ___ [plei] 놀다	**621** brain = ___ ___ ___ [brein] 뇌
616 make = ___ ___ (___) [meik] 만들다	**622** ask* = ___ ___ ___ [æsk] 묻다
617 case = ___ ___ ___ [keis] 경우, 통	**623** cat* = ___ (___) [cæt] 고양이
618 game = ___ ___ ___ [geim] 게임	**624** bag* = ___ (___) [bæg] 가방

613 에이블 614 데이 615 플레이 619 브레잌(ㅋ)620 그레잍(ㅌ)621 브뤠인
616 메잌(ㅋ)617 케이스 618 게임 622 애스ㅋ 623 캩(ㅌ) 624 백(ㄱ)

2시간에 끝내는 한글영어 발음천사

79

오른쪽에 붙어있는 CD는 **모든 CD 플레이어**에서 들으실 수 있습니다(자동차의 CD 재생기, 오디오나 컴퓨터의 CD 재생기 등). CD의 내용보다 자세한 강의를 듣고 싶으시거나 MP3를 내려받고 싶으시면, 하단의 **1 마이클리시 카페**나 **2 팟빵**에 방문해주세요. 어떤 방법으로도 못 하시겠으면 010-4718-1329로 문자나 카카오톡을 주세요.

1 마이클리시 카페: goo.gl/63mjp3

컴퓨터나 휴대폰에서 **miklish.com 에 접속**하셔서서(goo.gl/63mjp3로 접속하시면 한글영어 발음천사 게시판으로 바로 이동합니다). **한글영어 발음천사 게시판**에 들어가시면 됩니다. 마이클리시에서 출간된 다른 책의 강의와 공부법, 질문 답변 등 **영어에 대한 모든 것을 해결**하실 수 있고, 신간 증정 이벤트도 하고 있습니다.

2 팟캐스트 (팟빵): goo.gl/kmt4he

설치 없이 휴대폰이나 컴퓨터로 바로 들으실 수 있습니다. **다운받고 싶으시면**, 에피소드 목록에 '다운로드'에 오른쪽 마우스로 클릭 후 다른 이름으로 저장하면 됩니다. **휴대폰 앱 설치**를 원하시면(와이파이로 미리 다운 받아 놓을 수 있습니다), 구글 스토어나 앱스토어에서 '팟빵'(podbbang.com)을 검색하시면 됩니다. 팟빵 사이트나 앱에서 **마이클리시나 발음천사**를 검색하시면 들으실 수 있습니다.

3 콜롬북스: goo.gl/z2vpvz

휴대폰의 구글 스토어나 앱스토어에서 '콜롬북스'를 검색하시면 앱을 받으실 수 있습니다. 앱에서 **마이클리시**나 **발음천사**를 검색하시면 들으실 수 있습니다. 다른 출판사에서 나온 영어책의 MP3도 들으실 수 있습니다.

2시간에 끝내는 한글영어 발음천사

Daniel Neiman
Mike Hwang

❶ 머리말 3:37
❷ 알파벳 노래 2:29
❸ 짧은 강의 3:38
❹ 기본 모음 6:22
❺ 기본 자음 14:22
❻ 자음 비교 19:32
❼ 약모음 강모음 11:40
❽ 이중 모음 6:52
❾ 목음 4:46
❿ 쌍자음 4:57

Miklish*

8문장으로 끝내는 유럽여행 영어회화 (개정판)

개정판 2쇄 2022년 2월 14일

지은이	Mike Hwang
발행처	마이클리시 (Miklish)
전화	010-4718-1329
홈페이지	miklish.com
e-mail	iminia@naver.com
ISBN	979-11-87158-25-7

감사드립니다

이 책의 시작부터 완성까지 하루하루의 시간과 힘을 주신 **여호와**께 감사드립니다.

너는 이것을 알라 말세에 고통하는 때가 이르러 사람들이 자기를 사랑하며 돈을 사랑하며 자랑하며 교만하며 비방하며 부모를 거역하며 감사하지 아니하며 거룩하지 아니하며 무정하며 원통함을 풀지 아니하며 모함하며 절제하지 못하며 사나우며 선한 것을 좋아하지 아니하며 배신하며 조급하며 자만하며 쾌락을 사랑하기를 하나님 사랑하는 것보다 더하며 경건의 모양은 있으나 경건의 능력은 부인하니 이같은 자들에게서 네가 돌아서라 그들 중에 남의 집에 가만히 들어가 어리석은 여자를 유인하는 자들이 있으니 그 여자는 죄를 중히 지고 여러 가지 욕심에 끌린 바 되어 항상 배우나 끝내 진리의 지식에 이를 수 없느니라 (디모데 후서 3:1~7)

고생했던 전 **아내**와 여행을 지원해주신 전 **장인어르신, 장모님**께 감사드립니다.

모든 영어문장을 녹음해준 **Daniel Neiman**께 감사드립니다.

영어와 디자인을 가르쳐 주신 선생님들(**강수정, 권순택, 김경환, 김태형, 문영미, 박태현, 안광욱, 안지미**)께 감사드립니다.

제작 해주신 북크림 **박규동** 대표님(01048065510), 보관, 배송해 주시는 출마로직스 **윤한식**(01052409885) 대표님께 감사드립니다.

소개, 판매해주시는 교보문고(**권대영, 김서현, 김효영, 장은해, 최지환, 허정범**), 랭스토어(**김선희, 박혜진, 한광석**), 리디북스, 북센(**송희수, 이선경**), 북채널(**김동규**), 북파트(**홍정일**) 반디앤루니스(**신준택, 어현주, 홍자이**), 세원출판유통(**강석도**), 알라딘(**강미연, 김채희, 홍성원**), 영풍문고(**박지혜, 이진주, 임두근, 장준석**), 인터파크(**권미혜, 김지현, 김희진, 안상진, 이윤희**), 한성서적(**문재강**), YES24(**김태희, 박정윤, 신은지**) 그리고 오프라인의 모든 MD분들께 감사드립니다.

판매에 도움을 주시는 북피알미디어(bookprmedia.com) 여산통신(ypress.co.kr **조미영, 조영관**) 콜롬북스 **이홍열** 대표님(01022947981), 네이버 카페, 블로그, 사전 블로거분들, 잡지사 관계자분들, 신문사 관계자분들께 감사드립니다.

이 책을 구매해서 책 집필에 더 집중할 수 있게 해주신 **독자분들**께도 진심으로 감사드립니다. 다음에 또 멋진 책으로 인사드리겠습니다.